日経文庫
NIKKEI BUNKO

M&Aがわかる

知野雅彦・岡田 光

日本経済新聞出版

はじめに

巨額のM&Aの記事が新聞紙上を飾ることが増えてひさしくなりました。昨今では、デューデリジェンス、バリュエーション、PMI、バイアウトといったM&A用語も注釈なく使われるようになってきました。M&Aを専門とするプロフェッショナルの層も厚くなり、M&A手続きやM&Aに係るファイナンス実務もすっかり定着した感があります。このように、日本においてもM&Aがそれほど特別な企業行動ではなくなった一方で、M&Aが企業価値向上に大きく寄与しているかというと、必ずしもそうではないケースも多いようです。M&Aの経験値が日本企業より格段に高い欧米企業ですら、M&Aの成功確率は良くて5割程度だといわれます。そして、残念ながら、日本企業のそれはこの数値をかなり下回ると推量されます。

M&Aによる投資額は巨額になることが多く、このようにリスクも高い。それではこうした投資には慎重になるべきなのでしょうか。そうは思いません。M&Aは他社の経営資源を取り込む唯一無二の手法です。自社と他社の経営資源を統合することにより、自社だけで

は成し得ないことを実現させてくれるツールです。人工知能やＩｏＴなどにより大きく変貌をとげようとしている世界において、自らのビジネスモデルを変革する必要に迫られている企業にとって、Ｍ＆Ａはなくてはならない魔法の杖なのです。

それでは、Ｍ＆Ａの成功、すなわちＭ＆Ａによる企業価値向上のための条件は何なのでしょうか。この問いに対する答えは、Ｍ＆Ａにより達成しようとした目的に沿って大局的な目線を保ちながら、Ｍ＆Ａプロセスにおける１つ１つの手続きを基本通り丹念に実行するとともに、Ｍ＆Ａに係るＰＤＣＡサイクルを愚直に回していく、ということなのだろうと思います。

本書は、そうしたＭ＆Ａの基本動作について重要なポイントを中心に説明することを意図しました。すなわち、Ｍ＆Ａ案件の組成から、デューデリジェンス、バリュエーション、契約、クロージング、ＰＭＩにいたる一連の流れを概説するとともに、そうしたプロセスの各段階において鍵となる論点に焦点を当てて詳述する形式をとりました。紙面の都合上、細かな論点に関しては記述を省略せざるを得ませんでしたので、それらについてはより網羅的な類書をご参照ください。

本書はこれからＭ＆Ａを学ぼうとするすべての方々に適した入門書です。また、Ｍ＆Ａの

重要なポイントを今一度確認したい実務家の利用にも耐えうるように、最先端のM&A実務についても網羅するべく努力しました。

本書が、皆様のM&Aに関する理解を深め、M&A実務のさらなる進化に寄与し、多くの日本企業のM&Aを通じた企業価値向上のための一助になることを切に願っております。

本書執筆にあたって、日本経済新聞出版社の野崎剛氏には大変お世話になりました。また、同僚の坂田惠夫氏には編集補助等でお手伝いいただきました。この場をお借りして、お礼を申し上げます。

2018年5月

著者を代表して　知野雅彦

M&Aがわかる　目次

はじめに　3

第1章　経営戦略とM&A　13

1　M&Aとは　14
2　経営戦略とM&A　16
3　M&Aの目的と効果　19
4　M&Aと事業売却・分離　28

5 M&Aをめぐる利害関係者 30
6 M&Aをサポートするプロフェッショナル 34
(1) フィナンシャル・アドバイザー 34 (2) 法律事務所 35 (3) 会計事務所 36
(4) 戦略コンサルティングファーム 36 (5) 不動産鑑定会社 37
(6) 人事コンサルティングファーム 37 (7) ITコンサルティング会社 39

第2章 M&Aの類型

41
1 IN-IN、IN-OUT、OUT-IN 42
2 水平的M&A、垂直的M&A、CVC、JV 43
(1) 水平的M&A 43 (2) 垂直的M&A 44 (3) CVC 44 (4) JV 46
3 M&Aの手法——各種組織再編手法 48
4 MBO 54
5 敵対的買収 58

第3章　M&Aのプロセス　63

1　一般的なM&Aプロセスの概要　64
(1) 買い手側のプロセス　64
(2) 売り手側のプロセス（オークション形式による売却プロセス）　70
(3) 経営統合やジョイントベンチャー設立の場合　75
2　案件ソーシング（ロングリストからM&A対象へのアプローチまで）　76
(1) 案件ソーシングのポイント　76
(2) M&A対象企業の選定手続き　78
(3) 対象へのアプローチ　79
(4) 秘密保持契約書（CA）の締結　81
(5) 持ち込み案件への対応　82
3　エグゼキューション・フェーズにおける初期検討　83
4　基本合意書（LOI／MOU）　84
(1) 基本合意書を締結する意味　84
(2) 基本合意書の内容　85
(3) 基本合意書の法的拘束力　86
5　デューデリジェンス（DD）　87

(1) DDの種類 87
(2) DDの目的 89
(3) DDのプロセス 90
(4) DDスコーピングにおけるポイント 93
(5) DDの発見事項に関する対処 101
(6) 基礎的事項の調査 105
(7) ビジネスDD 106
(8) 財務DD 113
(9) 法務DD 121
(10) 人事DD 121
(11) その他のDD 122

6 企業価値評価 124

(1) M&Aにおいて企業価値評価が必要となる背景 124
(2) 企業価値評価のアプローチ 125
(3) マーケット・アプローチに含まれる評価手法 126
(4) インカム・アプローチに含まれる評価手法（DCF法） 130
(5) コスト・アプローチに含まれる評価手法 138
(6) シナジー効果を含む投資価値の評価 140
(7) フェアネスオピニオン 142

7 契約 144

(1) 株式譲渡契約の主要記載事項 145

8 クロージングとPMI 155

(1) クロージング後の対応 155
(2) PMI 156

第4章 M&Aストラクチャリング

1 M&Aに用いられる取引形態 184
2 M&Aストラクチャリング上の基本的な論点 184
(1) 選択取得 vs 包括承継 186
(2) 別法人の維持 vs 法人格の即時統合 189
(3) 現金対価 vs 株式対価 190
3 M&Aストラクチャリングに係る税務上の論点 192
4 M&Aストラクチャリングに係る会計上の論点 198
(1) 個別財務諸表における会計処理 198
(2) 連結財務諸表における会計処理 201
(3) IFRSにおける会計処理 203
5 その他の論点と進め方 209
(1) M&Aストラクチャリングに係る法務上の論点 209
(2) M&Aストラクチャリングの進め方 209

第5章 企業再生とM&A 213

1 企業再生におけるM&Aの活用 214
2 企業再生スキームの類型 217
3 企業再生におけるM&Aに特有の論点と対処法 226
(1) 簿外負債 227 (2) 正常収益力 229
(3) 利害関係者との交渉 229 (4) 投資後の経営 231

第6章 クロスボーダーM&A 233

1 増加するクロスボーダーM&A 234
2 アウトバウンドM&A(IN－OUT M&A)特有の論点 235
(1) 買収後どのように経営するか 236
(2) IN－OUT案件におけるDDの難しさ 239

(3)「案件」を見送るための仕組みづくり 242
(4) シナジーの罠 244
(5) クロスボーダーM&AにおけるPMI成功のポイント 245

第1章

経営戦略とM&A

1　M&Aとは

日本企業による海外企業の大型M&Aが新聞の1面を飾ることも増え、一般の方を含めてM&Aの認知度は高くなりました。「M&A」とは、「Merger（合併）& Acquisition（買収）」の略で、企業同士が統合して1つになったり、ある企業が他の企業自体やその企業の一部の事業を買ったりする行為をいいます。

かつては、「M, A &A」という言葉が使われた時期もありました。もう1つの「A」は「Alliance（提携）」です。実務的にもM&Aといいつつ、戦略的提携やジョイントベンチャー（JV）の話であったりすることがありますので、そうした行為も広義のM&Aと考えてよいでしょう。したがって、本書では広く、企業の合併、買収、提携行為を説明していきます。

企業の合併とは、ある企業と他の企業の法人格が1つになる組織的行為をいいます。わかりやすい例としては、同業を営んでいる企業同士が規模の利益を追求するために、1つになることを選択するケースがあります。日本でも、たとえば銀行セクターでは、一時期多くの合従連衡が起こり、銀行グループが比較的少数にまとまっていく現象が見られました。

一方、企業の買収とは、ある企業が他の企業の全部ないし一部を買う行為です。買収対象は、ある会社の株式であったり、一部の事業であったりします。買収の対価も現金のこともあれば株式のこともあります。特に日本では対等合併という言葉をよく耳にしますが、実態は合併当事者のいずれかによる買収に該当するケースが多くあります。会計学会でもさまざまな議論を経て、現在は合併であっても当事者のいずれかを買収者、他方を被買収者として会計処理することになっています。つまり、合併も広い意味では買収の一形態ということができ、その意味で「M」と「A」の違いはあまり大きな意味を持たなくなっています。

さらにもう1つの「A」である提携との違いとして、通常、買収は支配権の獲得を意味します。支配権とは企業を支配する権利を意味しており、一般的には発行済普通株式総数の5割超を取得することで、支配権を獲得することになります。一方、戦略的提携はある事業領域での共同製品開発やクロスセリング（相乗り販売）を企図して、ある企業と他の企業が提携契約を結ぶことをいいますが、その目的に資するようにある程度の株式の持ち合いや取得を伴うケースと、そうした資本提携を一切伴わない、純粋な業務提携のケースがあります。また、買収の前段階の1ステップとして、資本提携や業務提携が行われるケースも多くあります。その意味でもM＆Aと同様の行為として、同列に議論する必要がある行為と整理する

ことができます。

2　経営戦略とM&A

M&Aは経営戦略の1類型なのでしょうか。そうではありません。M&Aは経営戦略を実現するための戦術です。M&Aが目的化され、無理なM&Aを推し進めるケースを目にすることがままあります。そうした事態に陥らないようにするためにも、M&Aと経営戦略の関係をきちんと理解しておくことが重要です。特に製品やサービスのポートフォリオを絶えず見直し、その最適化を図る「選択と集中」戦略を実行する戦術としてのM&Aはとても重要です。

製品やサービスにはライフサイクルがあります。どんなによい製品・サービスもいずれはすたれる時や、他のよりよい製品やサービスに取って代わられる時を迎えます。特にテクノロジーの進展が著しい昨今、その変化スピードは早まっています。レコード、カセットテープやビデオテープはCDやDVDに置き替わり、今やそれらの製品もスマートフォンを媒体とした種々の代替品に追いかけられています。フィルムカメラは短期間のうちにデジタルカメラやスマホに駆逐されました。1つの製品・サービスや事業に企業の命運がかかっている

場合には、当然の帰結として、これらがすたれるとともに企業も傾いていきます。そうならないように、通常、企業は複数の製品・サービスを取り扱い、いくつかの事業を営み、それらのライフサイクルを見据えて経営資源を効果的に傾斜配分したり、それらを入れ替えたりします。そうした行動より事業のライフサイクルをうまくマネージし、事業ポートフォリオを最適化するわけです。

その中で、投資がそれほど要らない成熟した事業から生まれるお金を、今後の成長分野事業や伸び悩んでいる事業に投資し、次世代のコア事業に育てていきます。こうした戦略を遂行するために重要な戦術がM＆Aです。将来性がなく経営資源を浪費している事業から撤退したり、コア事業をさらなる成長に導くための経営資源を獲得するために他の会社や関連事業を買収したりします。

また、新たな市場に進出したり、新たなサービスを開拓したりするための戦術としてもM＆Aは不可欠です。少子高齢化に直面している日本市場は今後縮小傾向になることは明らかですので、多くの日本企業は海外の市場を開拓しようとしています。特に成長が著しい新興国市場はとても魅力的です。しかしながら、そうした新興国の市場に知見やネットワークがない日本企業が一から市場を開拓していくのはとても難しく、時間がかかります。そこで、

そうした市場に知見やアクセスがある現地の企業を買収したり、資本提携したり、あるいはジョイントベンチャーを組成したりすることにより、その足がかりとします。

今や人工知能やロボティクス、IoTなど、さまざまな新しいテクノロジーが産業や事業の壁を突き破り、既存の価値を破壊しながら新たな価値を創り上げる時代です。シリコンバレーやイスラエルは、そうした新たなテクノロジーを開発する者たちの拠点となっています。日本でも政府がそうした開発を後押ししています。企業としては、そうした技術をうまく内部に取り込みながら、既存の製品・サービス、事業分野とうまく化学反応を起こし、新たな製品・サービス、事業を興していきたいところです。

こうした戦略はCVCと呼ばれます。CVCは「Corporate Venture Capital」の略です。CVCは大企業による将来を見据えたベンチャー投資です。新たなテクノロジーが次々と出現する中、そうした最先端のテクノロジーに関する研究開発を大企業内で独自に進めるには限界があります。スピーディーにそうしたテクノロジーを社内に取り込むためには、外部で研究開発されたものをM&Aで企業内に取り込むCVC戦略が欠かせません。そのような理由から近年CVCに取り組む企業が増えています。

3　M&Aの目的と効果

先に述べたように、M＆Aは企業の経営戦略を実現するための戦術です。したがって、M&Aの背後には多様な目的が存在します。たとえば、①事業規模を拡大することにより規模の利益を追求する（同業他社の買収により事業規模を拡大するM&Aを水平的M&Aといいます。詳しくは後述）、②仕入先、外注先、顧客などを買収することにより、事業の現在のバリューチェーン（Value Chain）を変革する（垂直的M&Aといいます。詳しくは後述）、③現在のコア事業の周辺事業を買収することにより、コア事業の強化を図る、④将来性のある事業に投資しておくことにより、将来のコア事業の育成を図る（こうした手法をCorporate Private Equityと呼ぶことがあります）、⑤CVCによりイノベーションの取り込みを図る、⑥新興市場に販売網を有する現地企業とジョイントベンチャーを組成し、新市場への進出の足がかりをつくる、⑦純投資としてM&Aを行い、投資のリターン獲得を目指す、といった目的があります。

ここで、⑦を除くほとんどの目的において、シナジーを実現させることがその目的の達成に欠かすことができないポイントとなります。シナジーとは、「ある項目とその他の項目が

関連づけられることにより実現される相乗効果」と定義されます。M&Aにおけるシナジーは、事業シナジーと財務シナジーに大別され、事業シナジーはさらに収益シナジーとコストシナジーに分けられます。

財務シナジーは、M&Aの当事者である企業間の信用格差から生まれる財務的なシナジーです。たとえば、A社がB社を株式買収して子会社化する場合に、M&A後に形成されるグループの資金調達を、より信用力の高いA社が集中して行い、そこで調達した資金をB社に転貸すれば、B社の資金調達コストはM&A前に比して下がります。これが財務シナジーです。想像していただければお分かりになるように、財務シナジーは、比較的短期間内で確実に実現することができます。

一方、事業シナジーはA社事業とB社事業の統合により生まれるシナジーです。こちらの方は、そんなに簡単に実現できるものではなく、周到な準備と着実な実現ステップが重要になります。収益シナジーは売上高の増大につながるシナジーです（図表1－1）。A社とB社の合併を考えます。合併により、単純に言えば、A社とB社の売上高の合計が合併後の会社の売上高になるはずです。ところが、シナジーが実現すると、「合併後の会社の売上高＞（A社売上高＋B社売上高）」となります。この差額分が収益シナジーです。

図表 1-1　収益シナジー

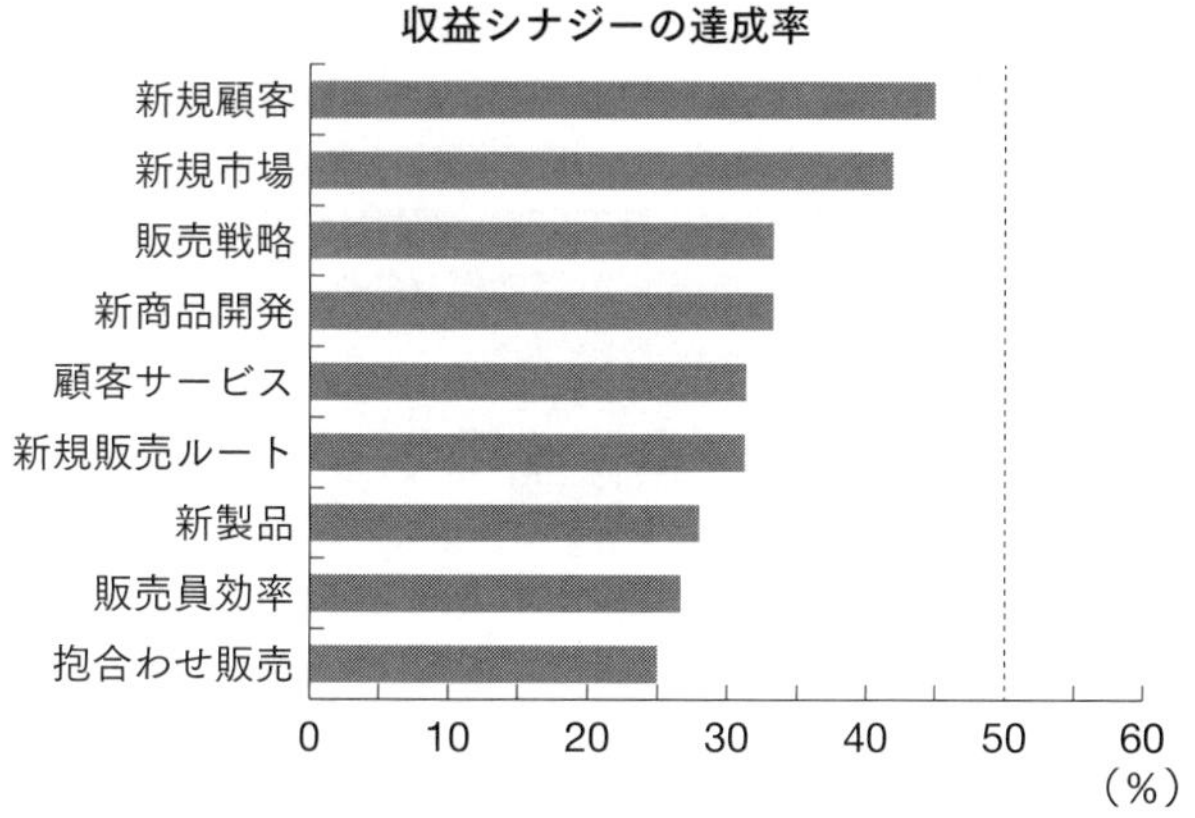

［出所］1999 KPMG Global M＆A Survey

例としては、合併後にB社の製品をA社の販売ルートに乗せて販売することにより、B社製品の売上高が増加する「クロスセリング」があります。もちろん、逆のケースでA社製品をB社が販売することによりAの売上高が増加することもありますし、双方相乗りが実現し、両社とも売上高が増加するケースもあります。このケースでA社とB社の類似製品の販売戦略や価格などを操作し、売上高を増大させる「販売戦略シナジー」を実現させるケースもあります。

また、もう1つの例としては、A社が海外市場でアクセスを持っていない、その海外市場のプレーヤーであるB社を買収することで、B社の販売ルートでA社製品を販売する

図表1-2　コストシナジー

コストシナジーの達成率

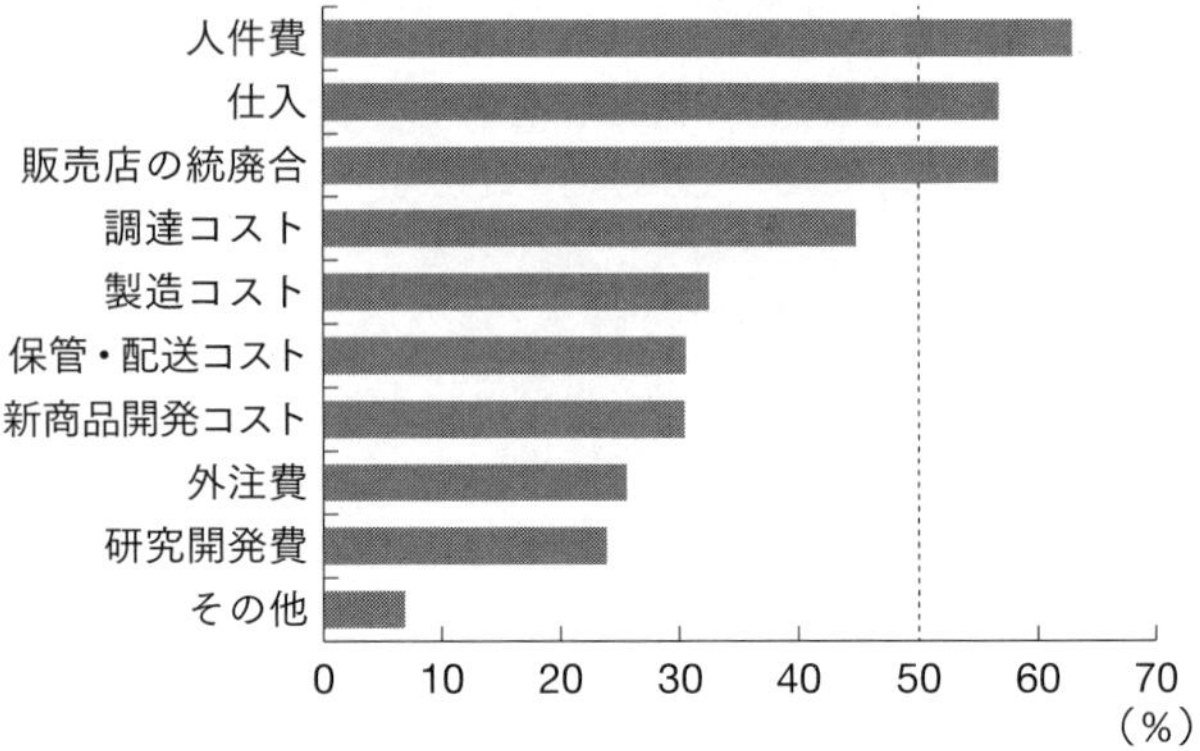

［出所］1999 KPMG Global M&A Survey

ことが可能になり、A社の海外売上高が増加する「市場拡大シナジー」があります。

コストシナジーは費用の削減につながるシナジーです（図表1－2）。その代表例は、同業他社とのM&A（水平的M&A）における規模の利益を背景にした購買コストの削減によるシナジーです。A社とB社が同種製品を製造しており、同じ原材料を使用している場合に、一括して仕入れることにすれば、仕入れ量が増えますから、仕入先に対する交渉力も増し、ボリュームディスカウントを引き出すことができます。この効果は両社における原材料費の減少という形で現れます。また、このケースで工場や物流網を統合することで製造原価や物流費を削減することも可能

**図表 1-3　2015 KPMG M&A Survey（Japan）より
Q. M&Aにおいてもっとも期待したシナジーは？**

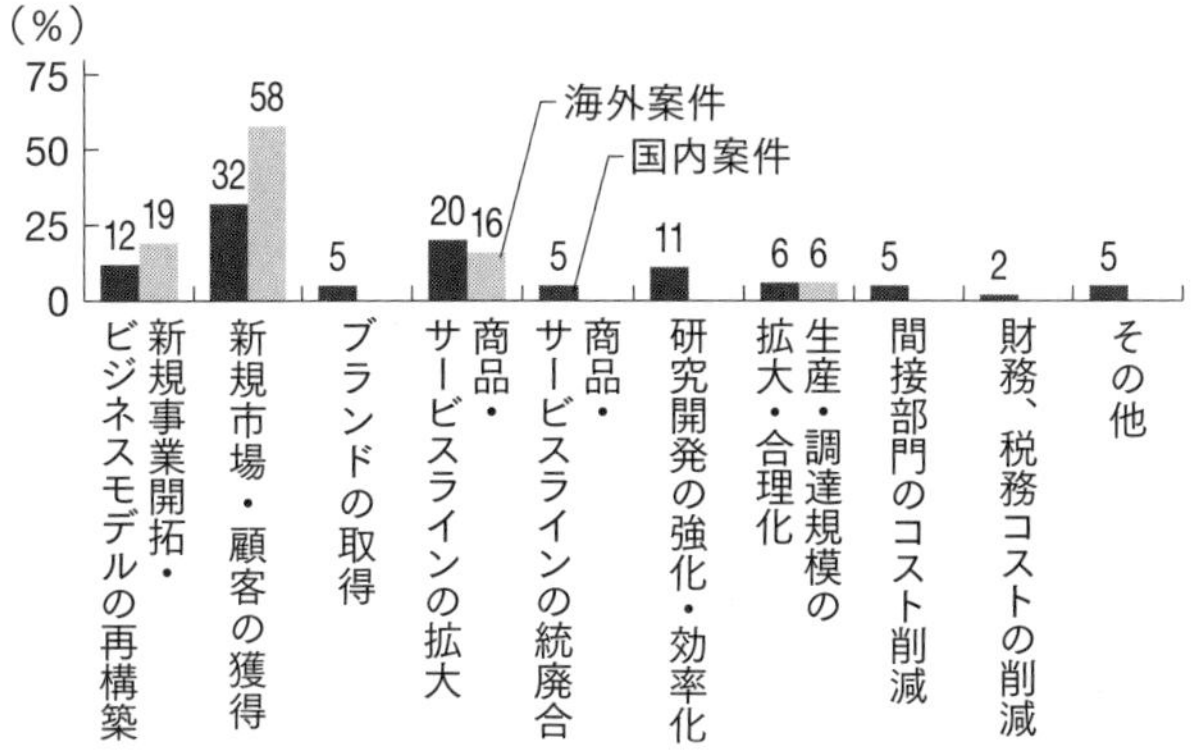

［出所］2015 KPMG M&A Survey

です。販売網の統廃合により、販売コストを削減することもよく行われます。さらには、こうした製造・物流・販売網の整理・統廃合や本社機能の整理に合わせて、人員の削減も行われるのが通常です。これにより人件費の減少というシナジーを実現することができます。

このようによいことずくめに聞こえる事業シナジーですが、実はそんなに簡単に実現できるものではありません。もう一度図表１－１と１－２をご覧ください。これはＫＰＭＧが１９９９年にグローバル企業を対象にして行ったＭ＆Ａサーベイからの抜粋で、横軸はシナジーの達成率になっています。つまり、Ｍ＆Ａ前に計画していたシナジーのうち、実

際にどの程度達成されたかを調査した結果です。ほとんどの項目で達成率が5割を下回っていることが観察されます。また、コストシナジーと比較して、収益シナジーの実現の方が相対的に難易度が高いことが見て取れると思います。

日本企業が実際にどのようなシナジーを期待してM&Aを行ったかを示しているのが、図表1－3です。これはKPMGが2015年に日本企業を対象にして行ったM&Aサーベイからの抜粋です。前述した通り、縮小し続ける国内マーケットに直面している日本企業が新規市場・顧客を求めて海外に進出している姿があぶりだされています。

実現がさほど容易ではない事業シナジーですが、これをある程度の期間内にうまく実現させない限りM&Aは成功しません。なぜなら、M&A市場が非常に競争的になっている昨今、M&Aの価格は上昇しているからです。その中でM&A対象の企業価値、事業価値をかなり上回る価格を払わないと「買えない」状態になっているのです。

では、なぜM&A対象の企業価値、事業価値を上回る価格を払っても「ペイ」できるかというと、その手品のタネはシナジーです。そもそもシナジーは、買い手とM&A対象企業・事業が一緒になることによる相乗効果ですから、売り手やM&A対象企業にとっては「知る由もない」効果です。したがって、純粋に買い手に帰属している価値であり、それを売り手

図表 1-4　買収価額に反映されたシナジー効果の割合（%）

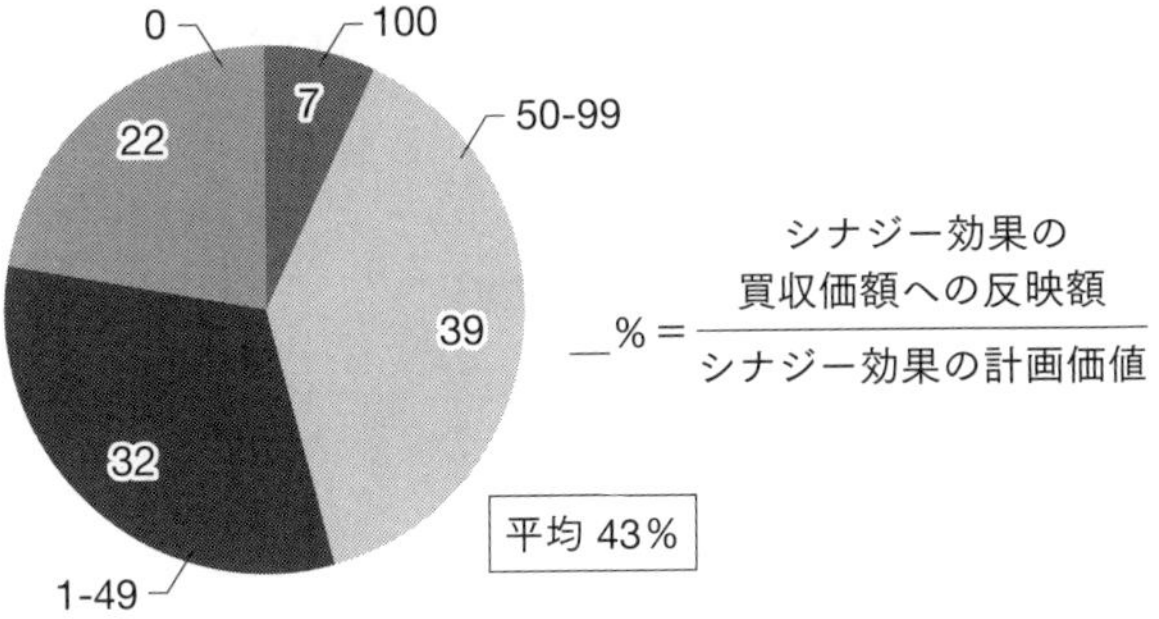

［出所］2006 KPMG Global M&A Survey

に支払う必然性は本来ありません。ところが実際には、２００６年のＫＰＭＧによる調査結果にも表れている通り、買い手が想定しているシナジー価値の平均43％を売り手に支払うことにより、Ｍ＆Ａを成立させている現状があります（図表１―４）。なぜか。そうしないとライバル企業との競争上、当該Ｍ＆Ａを実現することができないからです。したがって、Ｍ＆Ａ後にシナジーを実現することができなければ、支払った価格を回収することができず、バリューアップ（企業価値の増大）を図ることもできないのです。

　それではシナジーをうまく発現させるためにはどうすればよいのでしょうか。その答えはプレディール（Pre-deal：Ｍ＆Ａ成立前）とポストディール（Post-deal：Ｍ＆Ａ成立後）の双方にあります。まず、プレディールのデューデリジェンス（ＤＤ）の段階で、シ

ナジーに係る情報を整理・分析、定量化し、各シナジー項目の早期実現に関するステップを整理し、計画することができるか、が重要になります。

プレディール段階では、ディールがブレークすることも念頭に置き、売り手としては事業の「肝」となる情報の開示をできるだけ限定しようとしますので、売り手から提出される情報だけでは十分なシナジー分析はできません。そこで、外部のソースを含めて広く情報を収集し、その上である程度仮説を立てて分析・検証を進めていかなければいけません。定量化するにあたっては、シナジー総額の漫然たる分析では足りません。私たちは現在価値の世の中に住んでいます。今の1円と10年後の1円の価値は全く違います。そのため、シナジーがいつ発現するのか、そのためのプロセスやコストは何なのか、また、シナジー発現の蓋然性やリスクはいかなるものかも含めて分析し、それらを基に割引現在価値モデルをつくった上で定量化する必要があります。

たとえば、先に説明した事業シナジーの多くは、ＩＴシステムの統合が重要なファクターになります。言うまでもなく、ＩＴシステムの統合には一定の時間とコストがかかりますので、その辺りを勘定に入れておかなければ、「絵に描いた餅」状態の定量化になってしまいます。実際にシナジーの一部を価格に織り込んで支払っている以上、こうした対応はごく当

然のことですが、実際にはこうした対応が取られておらず、何となくシナジー部分を支払ってしまっているケースも散見されます。この辺りが良くて5割程度といわれるM&Aの成功確率の低さにつながっているのかもしれません。

プレディールできちんとシナジー分析と定量化をしたにも関わらず、M&A後に想定通りにシナジーが実現しないケースもまま目にします。これはポストディールの対応に問題があるからです。M&Aを成立させるためには、かなりの集中的な作業と労力が必要とされることから、いったんM&Aが成立するとある種の達成感が生まれ、本当は一番大事でM&A後すぐに計画的に進められるべきポストM&A対応が、漫然と無計画に進められるケースがあります。当然こうした対応は、M&A対象企業の社内ばかりか買い手企業側にも混乱をもたらし、シナジー発現どころではなくなります。

M&A後の対応のあり方はPMI（Post Merger Integration：M&A後の統合）のところで詳述しますが、プレディールで想定したPMI計画をスピード感とリーダーシップを持って実行していくことと、とにかくコミュニケーションをきちんと図ることが重要になります。中でもシナジー計画の詳細化はいち早く行わなければいけません。前述したように、プレディール段階では、シナジーの定量化に関する情報は限られています。特に売り手から提

供される情報は限られます。そこで、さまざまな仮説をベースにシナジーを分析・検証します。M&A後にはM&A対象企業・事業のすべての情報にアクセスすることが可能になりますので、まずはシナジーに係るすべての情報を整理・分析し、プレディール段階でたてた仮説が適正であったか否かを検証します。その上で、誤った仮説は修正し、シナジーを早期に実現するための計画を精緻化します。

繰り返しになりますが、そこでは、時間軸、シナジーを発現するための前提条件やコスト、リスクをきちんと評価することが肝要です。計画が精緻化されたら即座にその計画の実行に入ります。もちろん、実行段階で当初想定していなかった障害に直面することもありますが、その場合には適宜計画を修正します。進捗状況のモニタリングも重要なプロセスになります。

4 M&Aと事業売却・分離

前述した通り、ポートフォリオを最適化し続けることが企業の持続的な成長のためには欠かせません。M&Aはそのためには欠かせない手段です。特に事業のライフサイクルを見定めた上での戦略的な事業売却や事業分離はとても重要です。欧米企業に比べると未だに日本

型経営の特徴を色濃く残す企業が多いわが国では、こうした戦略的な事業売却・分離が上手ではない企業が多く、課題となっています。

年功序列・終身雇用制の下で、いわゆる叩き上げのプロパー経営者が多い日本企業では、ある事業の売却が「同じ釜の飯を食った仲間を売る」といったウェットな感じになることがあり、なかなか着手できないうちに、いわゆる「売り時」を逃し、その事業に属する者たちにとっても、当該企業にとっても最悪の状態になるケースが散見されます。事業の状況を将来性も含めてよく観察し、タイミングを逃さずに売却ないし分離することが、実はその事業に携わっている者たちにとっても最善であることをよく理解する必要があります。

そのためのアイデアとして、最近一部の企業で行われているように、いきなり事業売却するのではなく、最終的な売却相手とジョイントベンチャーを組むことによる事業分離から、段階的な持分低下を経て、最終的に完全売却をするスキーム（図表1－5）が有効なケースもあります。このスキームを用いれば、いきなり売却される違和感も少なく、売却対象事業の従業員にとっても比較的受け入れやすく、したがって売り手企業の経営者としても決断しやすくなる効果があります。

図表 1-5　段階的事業売却

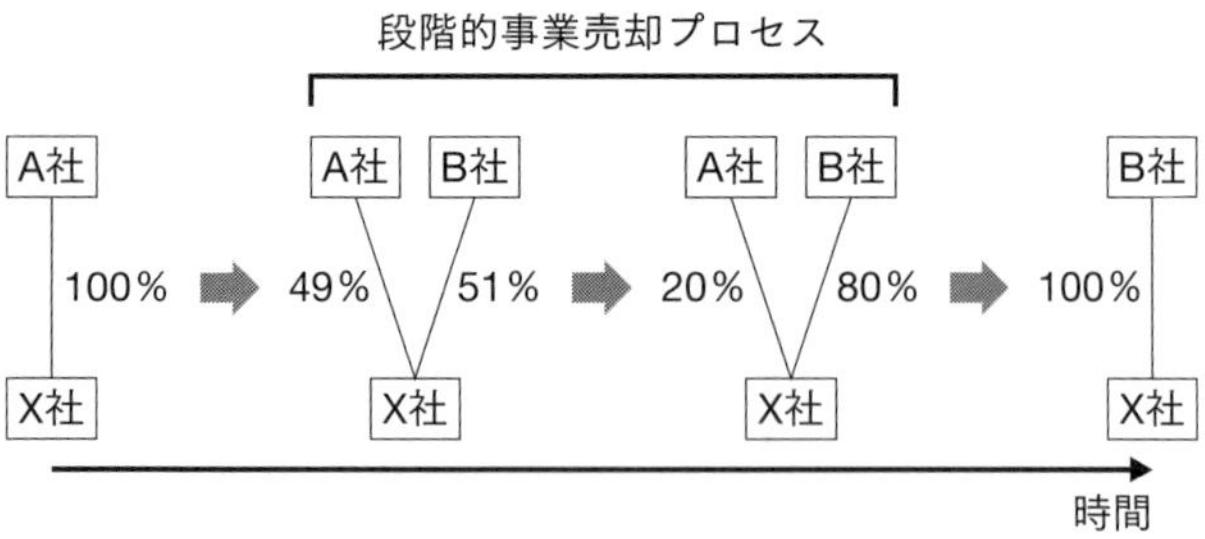

5　M&Aをめぐる利害関係者

企業はさまざまな利害関係者とのつながりの中で存在しています。ゆえに企業の構造を大きく変える可能性があるM&Aにあたっては、そうした利害関係者に対する配慮が欠かせません。法律はそうした利害関係者に大きな影響を及ぼすM&Aについてさまざまな手当てを用意しています。

たとえば、合併をするためには通常は株主総会の特別決議を要しますし、反対する株主のために株式買取請求権制度も用意されています。また、債権者を保護するために債権者に対する公告や催告、合併に異議を述べる機会が制度上組み込まれています。さらには、競争を阻害する可能性がある大型合併では独占禁止法上の規制をクリアする必要があり、公正取引委員会とのやりとりが必須となります。また、当然のことながら、労働組合等が賛成しない限りは合併を推進するこ

とはできませんし、仕入先や外注先、顧客など取引先の理解も必要となります。

したがって、M&Aを検討するにあたっては、そのM&Aが利害関係者にどのような影響を与えるのか、法制度上考慮すべき利害関係者関連の手続きは何か、そうした手続きを実施する上での障害にはどのようなものがあり、その解決方法は何か、を前もってよく検討しておく必要があります。特に独占禁止法の規制や、仕入先や外注先、顧客との取引関係など、ビジネスに大きな影響を与える可能性がある項目については慎重な検討を要します。

いわゆる「ディスシナジー」により既存事業の価値が毀損する可能性がある場合、そのことを考慮に入れて価値算定（Valuation）を行わなければ、大きく判断を見誤る可能性があるため、特段の留意が必要です。「ディスシナジー」とは、負のシナジーのことです。すなわち、M&Aを機にM&A当事者のいずれかの事業価値を低下させるような事態が発生する場合があり、こうした事象を指します。

たとえば、M&Aを契機として主要な顧客が離れてしまい、売上高が大きく減少してしまう、キーとなる従業員が退職してしまうなどのケースがあります。M&Aは、企業を取り巻く状況に大きな変化をもたらす可能性があり、それがゆえに従来の取引関係等の安定性を害することにつながる恐れもあるので、留意を要します。

図表1-6　M&Aをやらないリスク

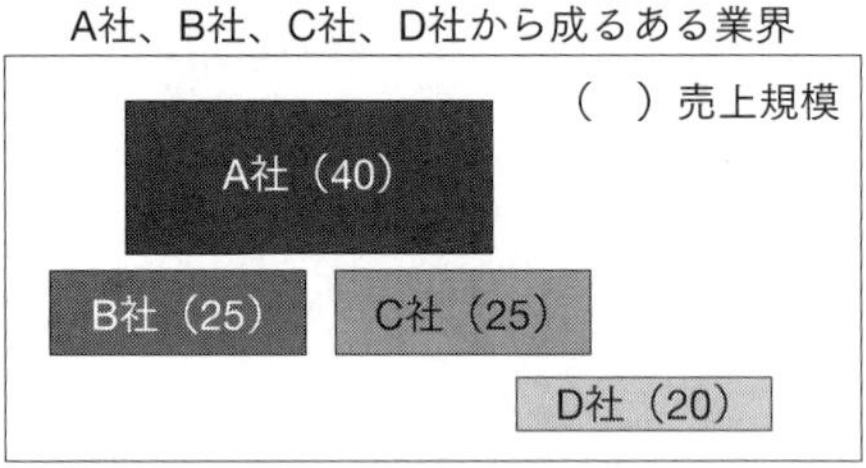

M&Aはまた、マーケットにおける競合関係にも大きな影響を及ぼします。たとえば、業界1位のA社、同2位規模のB社とC社、同4位のD社から成る業界を考えます（図表1—6）。B社とC社が統合するケースでは、A社は業界1位の座を奪われることになります（A社40＜B社＋C社＝50）。同じケースで、C社とD社が統合するケースでは、当該統合会社は規模的にA社とB社を抜いて業界1位に躍り出ます（C社＋D社＝45＞A社40、B社25）。どちらのケースにせよ、大きな業界の動きになります。

実際に、国境を越えた寡占化が進む多くの業界でこのような熾烈な買収合戦が起きています。たとえば、ビール業界では業界1位のアンハイザー・ブッシュ・インベブが同2位のSABミラーを買収しました。それにより全世界シェア28％を握る巨大企業が誕生し、2位のハイネケンのシェア10％を大幅に上回ることで、この業界における規模の競争はある意味結着してし

まいました。

M&Aの成功確率は良くて5割程度であると先述しましたが、「M&A」に慎重になり、躊躇している間に競合他社に先を越されることによる失敗、機会損失というべきでしょうか、そういう失敗も考えてみる必要があります。すなわち、M&Aをやった結果として失敗するケースに対し、M&Aをやらずに競合他社に先を越された結果としての「買えずに失敗」するケースにも注意を喚起したいのです。

M&Aの対象は、世界に2つと同じものがない事業です。事業はヒト、モノ、カネ、ノウハウ、ネットワーク、システムなどが有機的に一体化したものであり、中古車のように同様のものが見つかるという性質のものではありません。ゆえに、誰かに買われてしまえば、同じものを買うことは不可能になります。この概念をしっかり理解しておくことが大事です。なぜなら、買った結果としての失敗は減損損失等の計上により明らかになりますが、「買えなかった」ことの影響は、市場における競争ポジションの変化による、市場シェアの逓減や販売単価の低下、相対的なコスト競争力の劣後等を通じて、「買えなかった」企業の収益性を徐々に蝕んでいくので、はっきりとは見えないからです。

特に日本企業は諸外国の企業に比して投資に慎重であり、またプロパー経営者の多くはボ

トムアップ型の意思決定システムの中で機能しているので、意思決定のスピードが遅く、欧米企業や中国・インドの企業に対し、遅れをとりがちです。現在はかなり競争的なM&A市場となっていますので、スピーディーに意思決定し、多少高い価格でも頑張って買わないと、「買えない（機会損失）」リスクが高まる可能性があります。

6 M&Aをサポートするプロフェッショナル

M&Aに取り組む際には、比較的短期間に多くの作業を必要とします。戦術として常に多くのM&Aに取り組んでいる企業は、M&Aに特化した業務を担う専門チームを社内に抱えていることもあります。その場合でも、さまざまな外部専門家の支援を得てM&Aを遂行するのが通常です。そうした社内専担チームを抱えていない場合には、なおさら社外専門家の力を有効利用する必要があります。M&Aをサポートする専門家としては、主に以下が存在します。

(1) フィナンシャル・アドバイザー

その頭文字をとって、通称FA（エフエー）。通常、証券会社やM&Aアドバイザリー会

社が担当します。Ｍ＆Ａプロセスの進行や管理（ＤＤ対応支援を含む）、価格や契約の交渉、参考価格分析やフェアネスオピニオン（第3章を参照）の発行など、Ｍ＆Ａプロセス全般にわたるアドバイスを行います。多くの案件で、売り手側と買い手側がそれぞれ別のＦＡを雇い、それらＦＡがそれぞれを代理して交渉やさまざまなコミュニケーション、調整を行います。

(2) 法律事務所

法務ＤＤやＭ&Ａの契約書（ＳＰＡと呼ばれることが多い。Stock Purchase Agreement：株式譲渡契約書の略）の作成や交渉サポート、買収ストラクチャーの法務面からの検討、監督官庁との折衝、独占禁止法対応など、Ｍ&Ａに関するあらゆる法的サポートを行う役割を担います。最近増加している日本企業による海外企業買収案件（いわゆるＩＮ－ＯＵＴ案件）では、提携関係にある対象国の法律事務所と連携してサポートを行うのが通常ですが、最近では案件が多い国に自らの拠点を設置し、より緊密な連携体制の下で日本企業をサポートする法律事務所も出てきています。

(3) 会計事務所

財務・税務DDや買収ストラクチャーの会計・税務面からの検討、SPAに関する会計・税務面からのサポート、事業価値評価（Valuation）、PPA（Purchase Price Allocation）を中心とした業務を行います。世界的なネットワークを構築して幅広い業務を行っている会計事務所は今現在4社あり、「BIG4」と呼ばれています。「BIG4」は、いずれも世界150カ国以上に拠点を有しており、会計や税務にとどまらず、経営戦略助言、経営管理システム・プロセス改善、リスク管理・内部統制システム改善やITシステム導入支援業務など、幅広い業務を行っています。M&Aにおいても前述の財務会計・税務関連業務だけではなく、FA業務、事業に関するDD（ビジネスDD）や事業価値評価のベースとなる将来事業計画シミュレーション支援、M&A後の経営改善・統合（PMI）支援など、さまざまな分野での支援を行っています。特に複数国にまたがる事業を買収する際などは、BIG4のグローバルネットワークが有用になります。

(4) 戦略コンサルティングファーム

経営戦略に係る助言を行うプロフェッショナルファームです。M&Aを戦術として用いる

に至るそもそもの企業戦略の立案支援、M&AにおけるビジネスDDや事業計画シミュレーション支援などを行います。前述の会計事務所と連携しながらこうした業務を行うケースも多く見られます。

(5) 不動産鑑定会社

M&A対象企業が多額の不動産を所有している場合には、買収価格を決定するにあたって当該不動産の時価、それに基づく含み損益の算定が重要なファクターの1つとなることがあります。特に第5章で詳述する事業再生に係るM&Aの場合、対象会社が保有する不動産の多くが金融機関融資の担保となっており、その担保価値がM&Aを実行する上でのベースとなる事業再生スキームや事業再生計画の策定において重要な要素となります。こうしたケースでは、不動産鑑定を行うプロフェッショナルファームの参画が必須となります。

(6) 人事コンサルティングファーム

最終的に企業にとって一番重要な資産は、言うまでもなく「ヒト」です。M&Aはさまざまな目的で行われますが、すべての案件に共通するのは「ヒト」の獲得です。さまざまなノ

ウハウ、ブランド、製品技術、サービスも「ヒト」がいてこそです。「ヒト」を中心にさまざまなものが有機的に結合しているのが事業です。したがって、どのような人材が対象企業におり、おのおのがどのような役割を担っているのか、その人たちがどのような条件（報酬、雇用条件等）で働いており、それが自社や同業他社との比較においてどのような状況にあるのかを理解することは、M&Aを成功に導く上でとても重要です。

M&Aにおいて、対象企業の経営陣や従業員は非常に不安定な状況になります。彼らの不安を取り除き、安定した環境をいち早くつくることがPMIの要諦になります。そのベースとなる情報を提供するのが、人事DDです。特にM&A後の経営をどうするかを判断する上で、対象企業の経営陣の評価はとても重要になりますし、営業やR&D（研究開発）、生産やサービスの工程管理の責任者など、事業価値を保つ上で欠かすことのできない人材の特定とそのリテンション戦略も必須です。こうした分野にはかなりの専門性が必要となりますので、人事コンサルティング会社にそうした面でのサポートを依頼するケースも多く見られます。

(7) ITコンサルティング会社

現代の企業の経営管理はITシステムをインフラとして行われています。したがって、ある企業と統合したり、買収してグループ企業とする場合には、ITシステムの統合という問題が不可避的に発生します。前述したシナジーの実現も、多くの場合ITシステムの統合がその必要条件となります。そのため、その前提として、対象企業のITシステムが現状どのようになっているのかを包括的に理解する必要があり、その目的でITDDが行われます。

ITに関する知見を有するITコンサルティング会社はそうしたITDDのサポートを行い、M&A後のIT統合に関する課題や解決法を指南します。またM&A後のIT統合の支援を行います。大手のITシステム会社の傘下にあるコンサルティング会社、独立系のコンサルティング会社、BIG4など会計事務所の傘下にあるコンサルティング会社などがこうした業務を行っています。

第2章

M&Aの類型

M&Aにはいろいろな形態があり、さまざまなカテゴリーがあります。これを整理しておくことはM&Aの体系的な理解に繋がりますので、以下で概説します。

1 IN－IN、IN－OUT、OUT－IN

日本企業同士のM&AをIN－IN（ないしDomestic Deal）、日本企業が海外企業・事業を買収するケースをIN－OUT（ないしOutbound Deal）、海外企業が日本企業を買収するケースをOUT－IN（ないしInbound Deal）と呼びます。

ここ20年間におけるこの形態別のM&A取引金額の推移は、図表2－1の通りです。バブル崩壊後の処理の中で多くの日本企業が特に米系の投資ファンドや金融機関、事業会社に買収されました。それもあり、1990年代後半から2001年ぐらいまではOUT－INの大型案件が目立ちました。その後06年ごろからIN－OUT案件が増え、そのトレンドは現在に至るまで続いています（ちなみに09年と10年のM&A取引金額の落ち込みは、08年度に発生したリーマンショックの影響）。これは、少子高齢化が進む日本で将来的な国内市場の縮小が避けられない中で、海外市場を求めて日本企業が買収を行っているためであり、今後もこの傾向は続くことが予想されています。

図表 2-1　日本企業による M&A 取引金額の推移

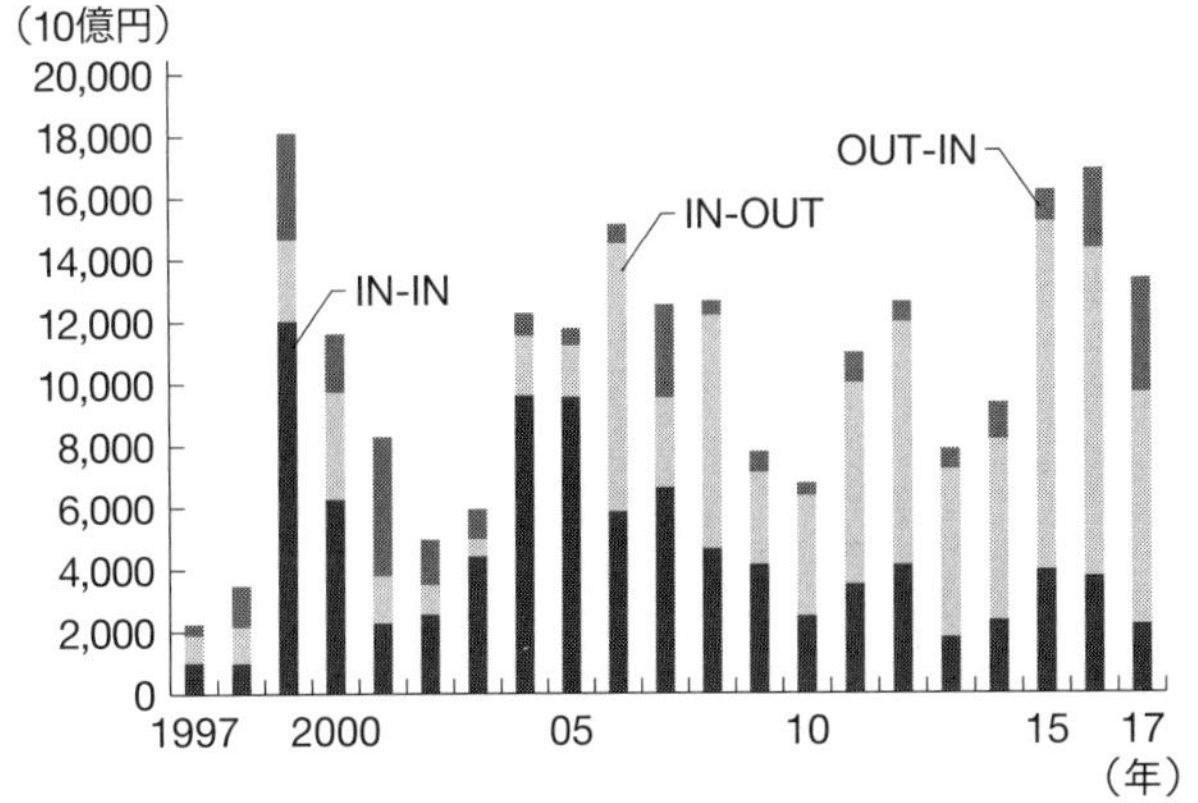

［出所］レコフ調べ

2　水平的M&A、垂直的M&A、CVC、JV

(1) 水平的M&A

水平的M&Aとは、同業他社同士の統合や同業他社の買収のことをいいます。たとえば、金融機関の統合の多くがこれに該当します。水平的M&Aは、ある業種・業態における規模の拡大による利益を追求して行われます。マーケットの規模に比して会社数が多い業界では競争が激しく、各社の収益性は相対的に低い状況になっており、海外の同業他社と比較して収益性に見劣りがします。この状態が放置されるとグローバルでの競争には勝てませんので、そうした構造を改革するため

に水平的M&Aによる統合が発生します。水平的M&Aにより、共同購買による調達コストの削減や、営業店舗や工場、物流拠点の整理・統廃合等を通じたさまざまなコストの削減が図られます。

(2) 垂直的M&A

垂直的M&Aは、仕入先、顧客、外注先などからなる事業のバリューチェーンの変革を目指したM&Aです。たとえば、衣服を製造している会社が元々の顧客である小売の会社を買収することにより、その事業のバリューチェーンは川下に拡大し、B to Bのモデルから最終消費者に直接アクセスするB to Cモデルへと変革されます。こうしたM&Aが垂直的M&Aです。既存のバリューチェーンによる成長性や収益性向上余地に限界感がある場合に、バリューチェーンの抜本的な変革による収益性改善を目指して行われます。

(3) CVC

CVCは、企業がベンチャー事業への投資を行い、当該ベンチャーが開発した革新的な新技術やビジネスモデルを自社に取り込むことで、自らの既存事業との間でシナジーを発現さ

せる戦略です。経営環境の変化が激しく、事業や製品のライフサイクルの短縮化も著しく、業態を越えた競合が生ずる昨今、企業はスピーディーに自らの事業ポートフォリオを入れ替えていく必要があります。その中で、前述のように成熟した事業を売却するタイミングも重要ですが、新たな事業の創出がなければ、売却により全体的な事業規模は小さくなりますし、売却で得た資金の投資先がありません。したがって新たな事業をいかに興していくかがキーになるわけですが、自前で一から事業を興して育てるには時間も多大なコストもかかります。また、それほどたくさんの事業が実を結ぶとは限りませんから、当該事業開発が失敗に終わった時の会社存続に係るリスクも大きくなります。

そこで、外部で他の誰かが開発している事業に広範囲に投資をしておき、自社の経営戦略に重大な意味を持つに至った事業や、自社のコア事業とのシナジーが見込まれる事業をより深く自社事業に取り込んでいく戦術が重要になります。これがＣＶＣで、したがって典型的なＣＶＣでは、アーリーステージの事業にマイノリティー投資をしておき、当該事業が自社にとって重要な事業であると見極めがついたところで50％超の投資（マジョリティ投資）に切り替え、自社に取り込むという形をとります。ＣＶＣ戦略の重要性はどんどん増していきます。

ＡＩ（人工知能）、ロボティクス、自動運転、ドローン技術など、革新的なコンセプトや技術が日々生まれ、進化している昨今、自社の研究開発だけでそれらを自社に取り込むことはもはや不可能です。そこで、すでにそうした研究や事業開発を行っているベンチャーへの投資を通じて、自社への取り込みを行う戦術が必須となってきているのです。日本企業でもＣＶＣに積極的な企業はシリコンバレーやイスラエルなど、ベンチャー起業家が集まる場所に常駐者を置き、ＣＶＣの対象企業・事業を日々探している状況です。今後もＣＶＣ戦略の重要性はますます増大するでしょう。

(4) ＪＶ

Joint Venture（ＪＶ）とは、他企業との提携のことで、従前はＭ'Ａ＆Ａという言葉が存在していたことが示す通り、Ｍ＆Ａ戦略の一部と考えて整理しておくべきだと思います。ＪＶには資本的な持ち合いや投資を含むものから、単なる契約により一定分野での協力を約するに過ぎないものまでさまざまな形態があります。資本的な持ち合いや投資を含む場合でも、その程度は数％のものから過半までさまざまです。その目的も買収や統合のプレリュード的なものから、当初から買収や統合は念頭になく、一定分野での連携による「Ｗｉｎ－

Ｗｉｎ」の効果を目指すに過ぎないものまで、いろいろあります。

ＪＶと通常のＭ＆Ａを比較する時、多くの場合、ＪＶ当事者間で共有されるノウハウや情報はかなり限定的であり、したがってその相乗効果も限られることが特徴として挙げられます。また、そのマネジメントやリーダーシップも曖昧になりがちで、ＪＶは組んだものの、実際にはほとんど実効が上がっていないケースも散見されます。一方、特定の分野でのシナジーのみを追求するＪＶでその目的やマネジメントが明確な場合、低いリスクで多くの効果が得られているケースもあります。

また、買収を結婚にたとえるとすると、ＪＶはいきなり結婚するのではなく、まずは一定の交際期間を経て相手との相性をよく見極めた上で結婚に踏み切るという意味で、買収や統合のプロセスを慎重に進めるためのプロセスとして有効なケースもあります。さらには、特に新興国企業の買収において、法律上、外国企業の過半持ち分が認められていない分野での投資で現地企業とＪＶを組んで進出するケースや、法律上の制約はないものの、実態的に地元の財閥との連携が事業展開において不可欠な条件となる場合に、ＪＶを組成するケースもよく見られます。

ＪＶを組成する場合に特に重要なことは、ＪＶの目的をきちんと合意すること、ＪＶの監

督、執行、マネジメントやリーダーシップなどを明確にすること、ＪＶをやめる場合の条件をきちんと決めておくこと、です。特に、いわゆる離婚条件をあらかじめ合意しておくことは、ＪＶがうまくいかない場合にスピーディーに撤退するという観点からとても重要になります。

3 Ｍ＆Ａの手法――各種組織再編手法

Ｍ＆Ａを行う際、対象となる企業や事業をどのような手法でＭ＆Ａするのか、という問題が生じます。どのような手法をとるのかにより、Ｍ＆Ａ後の組織形態がいったんは規定されますし（後で組織再編により直すことはできますが……）、法的な手続きやプロセス、Ｍ＆Ａのための資金調達手法、税効果等に大きな影響を与えます。したがって、まずどのような手法があり、それがどのような効果をもたらすのかをきちんと理解しておくことは、Ｍ＆Ａのテクニカルな面での基本中の基本となります。どのような手法によりＭ＆Ａを行うかの検討プロセスを「Ｍ＆Ａストラクチャリング」と呼びます。

Ｍ＆Ａの手法としてもっとも基本的なものは、買収対象企業の株式を現金で買い取ることです。この際にも、既存株式を買い取る方法と、第三者割当増資を引き受けて株式を取得

し、既存株式の希薄化を経て一定持分を確保する方法があります。それぞれに法的手続きは違いますし、対象企業が上場会社の場合であれば一定以上の既存株式を取得するためにはTOB（株式公開買付け制度）の手続きを経なければいけません。

同業他社との統合でよく用いられる手法の1つは合併です。合併は2つ以上の法人格が1つになる会社法上の行為です。特に対等での統合を企図する場合、「どちらかが他方を買収する」という形態が馴染まないことから、合併というもっとも直接的な手法がとられます。合併は同業他社との統合のような場合に用いられるだけではなく、後で説明するMBOなどの際に、いったん買収の受け皿会社であるSPC（特別目的会社）が株式を取得した後に、SPCと対象会社が順合併ないし逆さ合併する際に用いられたりしますので、その法的手続きや税関連の知識は非常に重要になります。

合併は、対等での統合という目的にもっとも直接的に馴染みますが、一方でM&A後すぐに異なる文化の企業を統合する必要性に迫られることから、そのプロセスのマネジメントはそれなりに難易度が高くなります。結婚で言えば、お見合い後すぐに結婚して一緒に住むイメージでしょうか。そうした性急性を緩和して徐々に統合を進めていきたい場合によくとられる手法は持ち株会社の利用です。

図表 2-2　株式移転による持ち株会社化

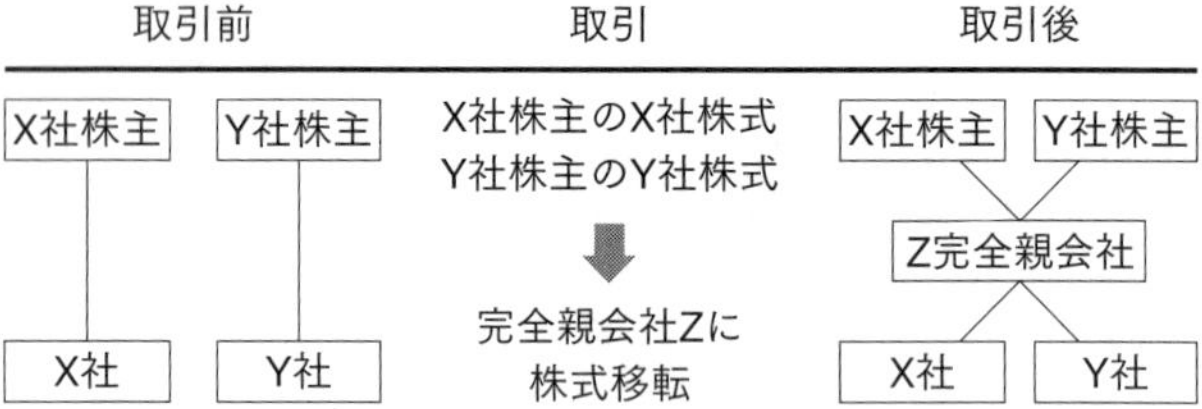

図表2－2を見てください。持ち株会社の下にX社とY社がぶら下がっています。これであれば、いきなり合併する場合に比べると多少時間をかけて統合作業を進められるかもしれません。こうした形態をつくるのに用いられる手法が株式移転や株式交換です。株式移転は、新たに純粋持ち株会社をつくり、その傘下に会社がぶら下がる形態をつくる組織再編手法です。それに対して株式交換は、既存の会社の株式を交換することにより組織再編を実現する手法です。株式交換を利用しても他の組織再編手法と組み合わせることにより同様の形をつくることは可能です。

　株式交換は、こうした持ち株会社形式の統合に用いられるだけではなく、さまざまな形態のM&Aに広く用いられます。先ほど説明したもっとも基本的な現金による買収を株式に置き換えれば株式交換となります。株式交換の一番のメリットは、言うまでもなく現金が必要ないということです。また、自社の株式の評価が相対的に高い場合にそのメリットを最大限に活かすことができま

す。欧米の事業会社による大きな買収はほとんどのケースで株式交換の手法がとられています。

大企業はさまざまな事業を抱えており、それを世界展開している場合には日本の本社だけではなく、各国の子会社の中にもM＆A対象となっている事業のオペレーションユニットが含まれています。こうした場合に、その事業を買収するには当該事業を本社および関連する海外子会社から切り出して買収しなければなりません。こうした切り出しをカーブアウトといいます。

カーブアウトをするにあたっては、本社および関連子会社等における当該事業の峻別と切り出しが必要になります。こうした切り出しをする際によく使われる手法が会社分割です。会社分割は会社法上の行為で、分割対象事業に関連する資産、負債、契約、ヒト、ブランドなどを包括的に分割し、移転する行為です。

これに対し、こうしたものを契約で個別に移転する取引法上の行為が事業譲渡です。事業譲渡と会社分割はいろいろな点が違います。したがって、その特徴をよく理解しておくことがM&Aストラクチャリングには欠かせません。まず、事業譲渡は、当該事業に係る資産、負債、契約、ヒト、ブランド等の個別移転です。事業譲渡契約書には、譲渡対象となる資

産、負債、契約、ヒト、ブランド等が個別に明記されます。そして明記されたものだけが移転対象となります。つまり、明記されなければ、たとえ当該事業に係るものであったとしても譲渡されませんし、譲渡対象としたくないものがあれば、これを省くことが可能です。

一方、会社分割は、ある事業に係るものを包括的に移転する会社法上の行為ですので、当該事業に係るものは原則として分割譲渡対象になります。法律手続き的に言えば、事業譲渡の方が手続きは煩雑になりますが、簿外負債や過剰人員等を引き継ぎたくない場合には、事業譲渡の方にメリットがあります。

そのほかにもいろいろなM&A手法がありますし、これらの組み合わせによりさまざまな形態の手法をストラクチャリングすることができます。また、合併をとってみても、近年、合併対価の柔軟化が図られ、現金対価の合併（キャッシュアウト・マージャー、図表2－3）や社債、種類株式を対価とした合併も可能になりました。さらには三角合併もできるようになっています（図表2－4）。

繰り返しになりますが、重要なことは、これらの手法の長所、短所、効果、手続きなどをよく理解して、目の前にあるM&Aの目的にもっとも適合するのは何かをよく検討することです。こうした検討はかなり専門的になることが多いため、弁護士や会計・税務の専門家な

図表2-3　通常の合併とキャッシュアウト・マージャー

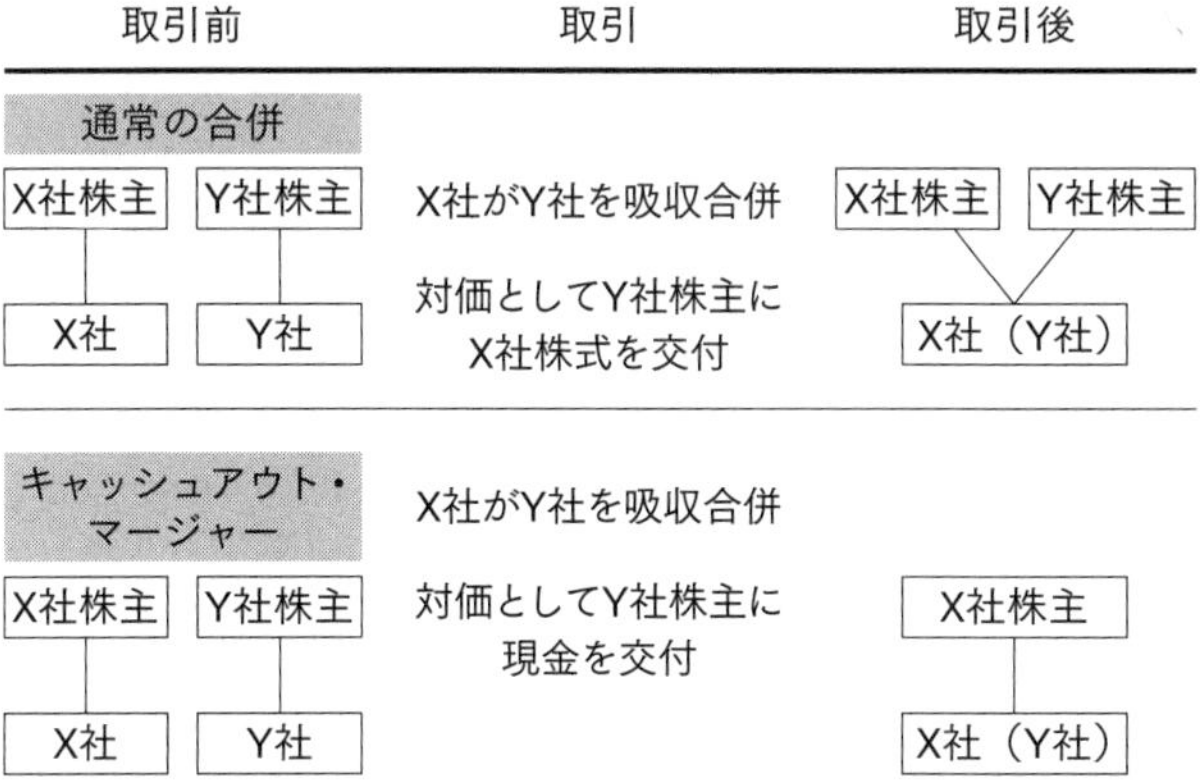

図表2-4　三角合併

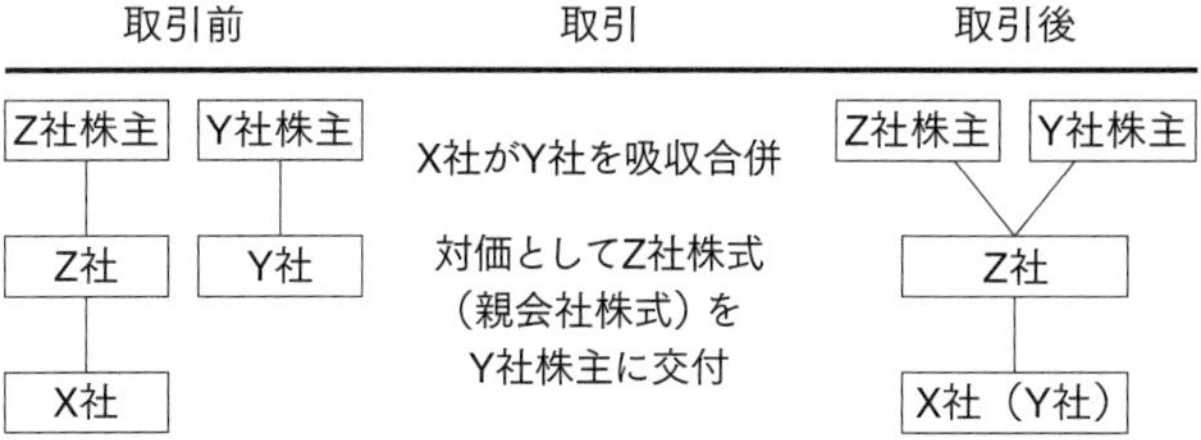

どのサポートをきちんと受けながら進めることが肝要となります。より詳細なストラクチャリングのポイントは第4章にまとめてありますので、そちらをご参照ください。

4 MBO

MBOとはManagement Buyoutの略です。文字通り経営陣による自社の買収です。いろいろなパターンはありますが、典型的なMBOは、図表2－5に示されている上場会社の非公開化MBOといわれるものです。上場会社には多くの株主が投資をしています。そのため、上場会社はさまざまな規則に縛られています。有価証券報告書を作成し会計監査を受けなければなりませんし、四半期ごとに財務報告をする必要もあります。株主に大きな影響を与える事項については開示しなければなりませんし、M&Aやさまざまな組織再編等についても株主総会の決議を経ないといけない場合が多いのですが、株主が分散していることから、そのマネジメントは容易ではありません。

また、株式を公開しているため、さまざまな人が株主になる可能性があり、中には経営陣にとって手強い相手、たとえばアクティビストといわれる、いろいろな要求をしてくる株主が一定比率の株式を買い、さまざまな経営改善提案をしてくることもあります。もちろん、

図表 2-5　MBO（非公開化）

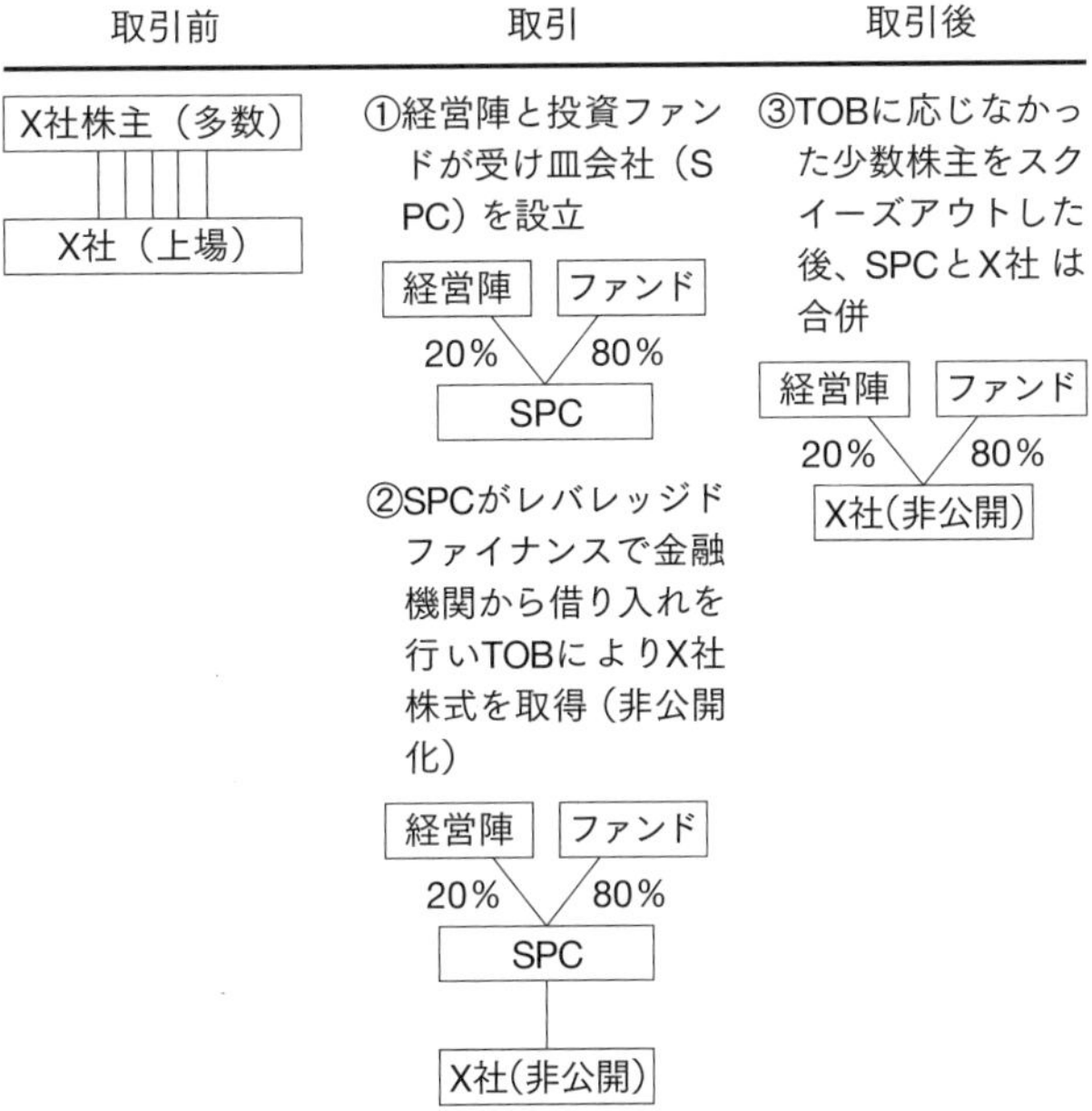

それが当を得ており、経営陣の考えと合致していればあまり問題はないのですが、そういう場合ばかりとも限りません。上場企業には名声とそれにより優秀な人が集まる効果、資金調達の選択肢が広がるなど多くのメリットがある一方で、このようなデメリットもあるわけです。

特に将来に向けて大きな投資をしたり、抜本的な事業のリストラクチャリングをする場合に、株式を上場

したままではスピーディーに行うことができないケースも出てきます。そうした場合に、経営陣が中核となって既存株主から株式を買い取り、上場をやめるという選択肢も有効になってきます。これがＭＢＯが起こる背景です。もちろん、経営陣に全株式を買い取る資金力はないのが通常ですから、銀行からお金を借りる必要がありますが、銀行はその全額を出すようなリスクはとりませんので、借入金の返済に劣後する部分、通常は資本を他の誰かが経営陣と共同である程度出資しなければ銀行からファイナンスを受けることはできません。こうしたリスクマネーを出す主体として存在しているのがプライベート・エクイティ・ファンド（ＰＥ）です。したがって、通常ＭＢＯは、経営陣とＰＥがタッグを組んで企業を買収し、その後事業ポートフォリオを変革したり、事業の価値を向上させたりしながら、企業価値の向上を目指す行為を指します。

ここでは典型的な例として、上場企業の非公開化ＭＢＯを説明しましたが、ＭＢＯの対象は上場企業に限らず、非上場企業のケースもあります。典型的な非上場企業ＭＢＯのケースは事業承継ＭＢＯです。ある企業を興したオーナー経営者が存在する非上場企業を想定します。このオーナーは親戚や知人から出資を募り、起業して成功しました。しかし、もう高齢になってきており、当該企業を承継する親族が存在しないことから、今後この企業をどうし

ようか悩んでいます。今現在自分と奥さんが保有している当該企業の株式は全体の80％、それ以外は親戚が保有しています。親戚としても昔出資したものがそのまま残置されているだけで、非上場で、株式の流通性もなく、雀の涙ほどの配当があるだけで、その投資の成功による金銭的恩恵はほとんど受けていません。

ここでその解決法として登場するのが事業承継MBOです。当該オーナー以外の経営陣とPEが組んで、この企業の株式を時価相当額で買い取ります。もちろん、一部は金融機関のファイナンスでまかないますが、リスクマネーのほとんどをPEが出し、一部を当該MBOに参加する経営陣が出資します。これにより、オーナー経営者は自らの成功を金銭化するとともに引退への道筋をつけることができます。親戚も今までは未実現であった投資の成功を金銭化することができます。オーナー以外の経営陣は引き続き会社の経営にたずさわることができる上に、一部の株式を保有することから、その後のPEとの協働による企業価値向上の成果の配分に預かることができ、インセンティブになります。

PEの投資は通常3―5年程度と期間が決まっており、最終的には株式を上場させる（IPO）か、他者に転売することにより投資を回収します。いずれにせよ、その時点で株価は企業価値の改善を反映して当初の株価より上昇していることが想定され、経営陣にも

ＰＥの投資回収局面（ＥＸＩＴ）で自らの持分を金銭化するチャンスがくるのが通常ですので、やる気が出るというわけです。

ＰＥはこうしたことを主業としている専門家集団です。したがって、そこにはある程度短期間で事業の価値を上げるノウハウがあります。ノウハウだけではなく、たとえば、海外市場展開を対象企業にさせるためのネットワークの紹介や交渉など、より実態的なサポートも行います。日本にＰＥが登場したのは１９９０年代後半ですが、そこから数も増え、経験値も上がってきています。成功例も多くあり、社会的な認知度も上昇しています。一方で、その規模感は欧米に比べるとまだまだという面もあります。欧米のメジャープレーヤーも日本に拠点を有しており、さまざまなＭＢＯ案件に投資をしています。

5 敵対的買収

前節でアクティビストにすこし触れました。こうした活動の背景には現経営陣の施策に対する不信感があります。すなわち、「もっとこうすれば業績は上向き、企業価値は上がり、よって株価は上がるはず」というロジックがそこにはあるわけです。その真偽はケースによってさまざまですが、一理あるのは現経営陣が行っている経営が最善であるとは限らない、

ということです。

そもそも企業は誰のものなのか、という根本的な議論があります。欧米においては「企業は一義的には株主のものである」という大原則があります。いわゆる資本の論理です。一方日本では、「企業は社会的公器であり、社会も含むステークホルダー皆のものであって、株主だけが重要なのではない」という考え方が根強くあります。結果として、欧米と比較して株主の権利が相対的に弱く、他方、すべてのステークホルダーの利害を調整しながら経営を行っている経営陣の力が比較的に強いという現実があります。株主からのプレッシャーが比較的弱いため、経営陣が最善の経営を行っていない場合でも、ある程度の期間それがそのまま残置されるケースが散見されます。

こうしたケースは、見ようによってはアービトラージ（さや抜き）のよい機会です。そこで、一時期、主として米国のアクティビストファンドによる日本企業を対象とした敵対的買収ブームが起きたことがあります。これに対し、日本国内でもポイズンピル等の敵対的買収防衛策についての議論が盛り上がり（図表2－6）、実際に導入に動いた企業も多くありましたが、近年は敵対的買収をほとんど見なくなりました。これと同時期に事業法人が敵対的買収を仕掛けるケースも見られましたが、そうした動きも見られなくなりました。

③取締役解任への正当事由付加	任期途中での取締役解任に、正当事由を付与する条項
④公正価格条項	部分的に支配権をもつ敵対的買収者が、合併を企てた際に、少数株主に公正な価格を支払うことを義務づける条項
チェンジ・オブ・コントロール（資本拘束条項）	主要株主の異動や経営陣の交替などにより、ライセンス契約の即時解約や、融資契約の即時返済を迫られる条項を盛り込むこと

有事の買収防衛策	概要
ホワイトナイト（白馬の騎士）	友好的な会社による合併や新株の引受により子会社化すること
パックマン・ディフェンス	買収者に対して、逆買収提案を行うこと
クラウンジュエル（王冠の宝石）	会社の重要財産をホワイトナイト（白馬の騎士）に事業譲渡すること。大規模なものは焦土戦略と呼ばれる
増配	増配で株価引き上げを図ること

［出所］経済産業省 企業価値研究会「企業価値報告書～公正な企業社会のルール形成に向けた提案～」（平成 17 年 5 月 27 日公表）を KPMG FAS にて一部加工

一方で欧米では敵対的買収が社会的にも認知されており、成功例も存在します。「敵対的」が誰に対して「敵対的」なのかというところが大事なところですが、これは「既存の経営陣に対して敵対的」であることを意味しています。買収や統合に関するメリットを説明し、話を持ちかけたにも関わらず、既存の経営陣が納得しない場合に、敵対的であっても買収を

図表 2-6　買収防衛策

平時の買収防衛策	概要
ライツプラン（ポイズンピル）	買収者が株式を買い占めた場合、買収者以外の株主に新株を自動的に発行する仕組み
ゴールデン・シェア（黄金株）	重要な事項について、拒否権を有する株式を友好的な第三者に付与すること
スーパー・ボーティング・ストック（複数議決権株式）	創業者等の特定の株主が複数の議決権を発行すること
ブランクチェック（白地株式）	将来の市場動向に応じて、株式の内容を自由に決める権限を取締役会に付与すること。敵対的買収を仕掛けられた際に、取締役会限りで対抗策を講じることが可能となる
ゴールデン・パラシュート（高額な役員退職慰労金）	敵対的買収の結果としての対象企業の取締役等の退任において、多額の割増退職慰労金を支払うことを契約する仕組み
ティン（ぶりき）・パラシュート	敵対的買収の結果としての対象企業の従業員等の退職において、多額の割増退職慰労金を支払うことを契約する仕組み
ゴーイング・プライベート（非公開化）	上場を廃止すること
ホワイト・スクワイヤー（白馬の従者）	友好的な会社に、15％程度の株式を保有してもらうこと
シャークリペラント（鮫よけ）	定款で定める各種の防衛策（主に以下の4つ）
①スーパー・マジョリティ	敵対的買収後に行われる合併や取締役解任などについて、株主総会での決議要件を加重する条項
②スタッガード・ボード	取締役の任期をずらす期差任期条項。取締役の過半数の交替をしにくくする仕組み

仕掛け、株主にその是非を問う、というのが欧米の敵対的買収のスタイルです。最終的に株主が現経営陣によるそのままの経営を支持すれば敵対的買収は成立しませんが、当該買収や統合によるメリットの方が大きいと判断すれば、現経営陣が反対したとしても敵対的買収が成立する可能性があるわけです。ある意味、資本の論理からは当然の帰結であり、フェアです。

ところが、日本では先に説明した通り、資本の論理が弱く、相対的に経営陣の力が強いので、敵対的買収が成立する可能性がかなり低いということで、そのリスクや労力を考えると、別の手段を取った方が良く、敵対的買収案件が見られなくなったものと思われます。ただ、敵対的買収が皆無であるというのも、M&Aマーケットの成熟度という面からは寂しい感じがします。起こるべくして起こる敵対的買収というのもあるとは思いますので。

第3章

M&Aのプロセス

1 一般的なM&Aプロセスの概要

(1) 買い手側のプロセス

図表3－1は、相対取引（入札取引（オークション）ではない）における買い手側の一般的なM&Aプロセスを表したものです。

M&Aのプロセスは、大きく分けて以下の3つのフェーズによって構成されています。

①案件ソーシング――買収対象を特定した上でアプローチし、交渉のテーブルに着くまでのフェーズ

②エグゼキューション（実行）――買収契約書の締結に向けてM&A対象企業・事業の内容を調査・分析し、買収取引の価格や条件について売り手側と交渉して最終合意するまでのフェーズ

③PMI――買収後の経営に係る方針・体制・施策を決め、統合効果を実現するフェーズ

これ以降、各フェーズにおけるプロセスの概要について説明していきます。

図表 3-1　一般的なM&Aのディールプロセス（買い手企業の場合）

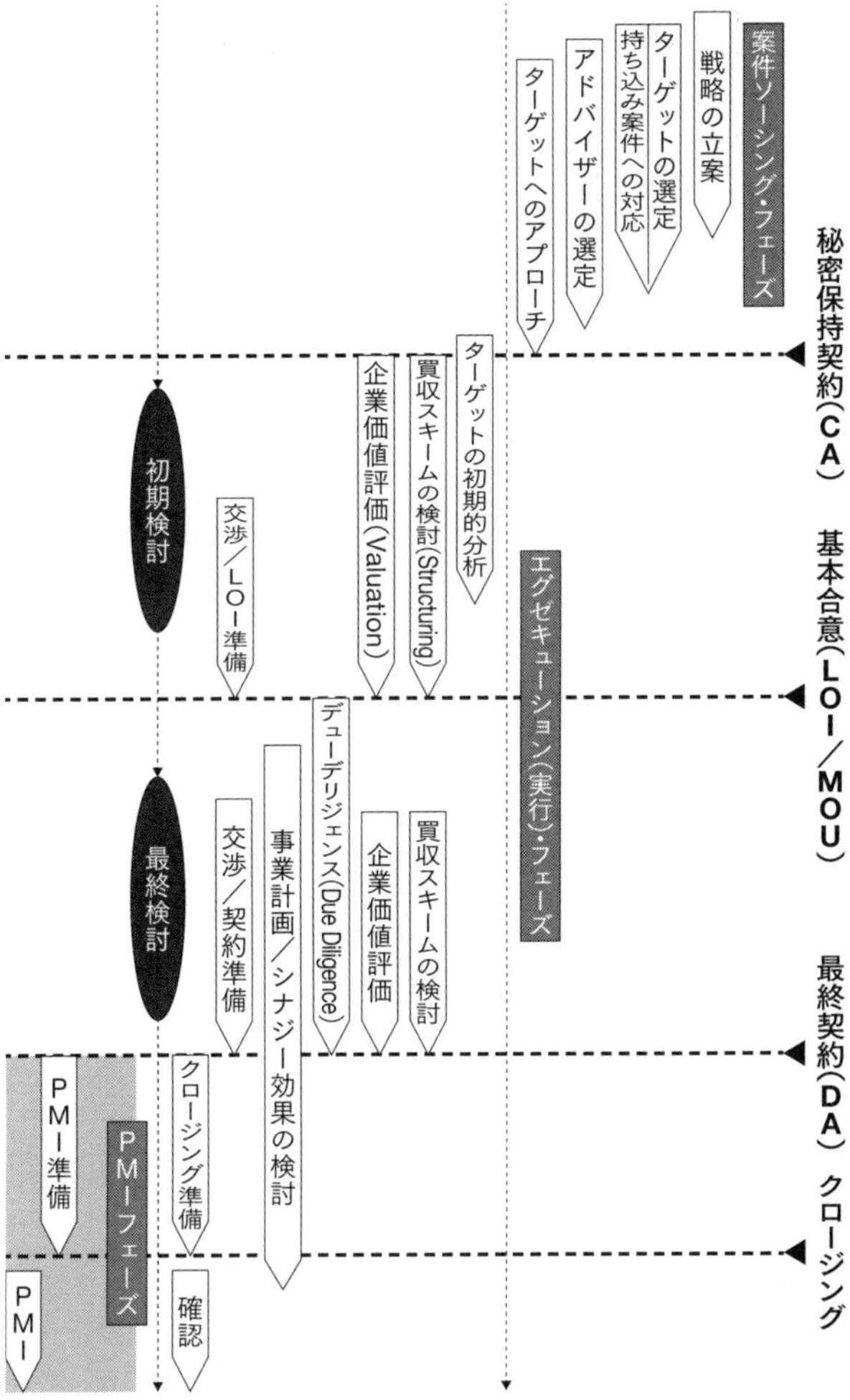

①案件ソーシング・フェーズ

まず「案件ソーシング」のフェーズでは、M&Aの対象候補となり得る企業や事業について一定のリサーチを行った上で対象企業・事業をリストアップし、これら企業・事業の初期的な分析を通じてM&A対象を絞り込んでいきます。絞り込まれたM&A対象については、優先順位づけし、より優先度が高い企業・事業から所有者（オーナーや株主など）や対象企業の経営陣へアプローチした上で、案件として交渉テーブルに着けるように取り組みを進めていきます。必ずしも所有者に売却意向があるとは限らないため、同時に複数のM&A対象企業・事業のオーナーにアプローチする場合もあります。

投資銀行や証券会社、M&Aブティックファームなどから、売却手続き中の企業や事業（または今後売却が検討されるであろう企業や事業）に関する情報が持ち込まれてくる場合があります。いわゆる「持ち込み案件」といわれるものです。持ち込み案件については、当該企業・事業を買収することが本当に自社の戦略に沿っているかどうかをよく吟味し、取り組むべき案件としての価値があれば売り手との交渉のテーブルに着き、具体的な協議を進めていきます。

②エグゼキューション・フェーズ

次に「エグゼキューション（実行）」フェーズに進んでいきます。このフェーズでは、買い手は売り手からM&A対象企業・事業に関する一定の情報開示を得た上で、ストラクチャリング（取引スキームの検討）やDD、企業価値評価、などの手続きを進めていきます。また、買収後の経営にむけた予備的なプランニングもこのフェーズで行うべき手続きの1つです。こうした各種調査・分析・検討を行った上で、最終的には取引条件の交渉、最終契約書の締結へとプロセスを進めていきます。

M&Aにおいては、買い手は、売り手から開示されるM&A対象企業・事業に関する情報の正確性について常に注意を払わなければなりません。売り手によっては、M&A対象企業・事業の状況をよく見せようと都合の悪い情報を意図的に開示しなかったりすることもあるからです。また、意図的ではないにせよ、提供される情報が正確ではない場合もあり得ます。そこで買い手は、売り手から開示される情報の正確性の確認も含め、各種DDを通じてM&A対象企業・事業の経営状況やリスクを事前に把握しようとします。

しかしながら、案件の初期段階においては、売り手側で「買い手がM&A対象企業・事業

を買うという確認もとれていないのに、重要情報を買い手に開示してよいのか？」という疑問が生じます。もしも案件が途中で中止になってしまい、M&A対象企業・事業の重要情報が買い手に渡ったという結果だけが残るとすれば、競争上の大きなリスクやハンディキャップに繋がらないとも限らないからです。買い手は、M&A対象企業が営む事業の領域に興味があってM&Aの提案をしてきているわけですから、当然の懸念でしょう。

そこで、売り手と買い手は、まず基本合意書（LOI：Letter of Intent／MOU：Memorandum of Understanding）の締結を通じて大まかな取引条件とその実現可能性を確認し合った上で、詳細なDDフェーズに入るのが通常です。その上で、DDの結果が問題ないかの検討、問題が発見されたとしても何らかの手当てがなされるならば最終契約書の締結、という2段階プロセスをとることが一般的です。

基本合意書を締結することで、取引実行に向けた売り手と買い手の間の意欲やコミットメント、さらに実行までの課題等が明らかになり、見通しが立てやすくなります。これも基本合意書を締結するメリットの1つです。

エグゼキューション・フェーズは、基本合意書の締結を境に、その手前を「初期検討」、その後を「最終検討」と区分することができます。初期検討においては、買い手は売り手か

ら提供される情報が「正確である」という前提に則り検討を進めていきます。その上で、最終検討においてはDD等の手続きを通じて情報の正確性を検証します。

③PMIフェーズ

M＆A取引はクロージング（取引実行）をもって完了となります。買い手は、M＆A対象企業・事業の支配権を獲得した上で、本格的に経営に取りかかります。自社の事業とM＆A対象企業の事業との間で、コスト構造の合理化や、販売チャネルの相互活用など、買収後のシナジー効果（相乗効果）を実現するために、クロージング後に必要な具体策を実行に移していきます。

ただし、クロージングの日まで何もせずに立ち止まっていては、買収直後の対応が後手にまわり、M＆A対象企業・事業の経営陣や従業員との間にコミュニケーション・ギャップや意見の不一致が生じてしまいかねません。そこで、買い手は一般的にPMIのための準備作業を、エグゼキューション・フェーズの段階からあらかじめ進めていきます。

買い手は、買収の最終契約書締結までの期間においては、DD等で入手した情報に基づいてPMIに向けた課題を整理するなど、準備作業を行います。そして最終契約書の締結か

らクロージングまでの期間においては、ある程度制限を受けながらもM&A対象との間で密なコミュニケーションをとりつつ、さらに準備を進めます。そしてクロージング後は、本格的なPMI対応を実行に移す形でプロセスを進めていきます。

(2) 売り手側のプロセス（オークション形式による売却プロセス）

売り手が、企業（子会社等）や事業を売却しようとする際に採り得る売却方法には大きく分けて2つの方式が存在します。1つは相対方式で、特定の買い手候補と基本的に1対1で交渉を進める方法です。もう1つはオークション（入札）方式で、複数の買い手候補に対して一定の情報を提供した上で入札価格およびその他の取引条件を提示（入札）させ、最良の条件を提示した買い手候補を売却先として最終交渉する方式です。いずれの方式にもメリット／デメリットがあり、一概にどちらがいいとはいえません。

一般的には、ビジネスモデルが優れている、強い業界地位を有する、経営状態が良好など、M&A対象としての魅力度が高い企業や事業には、多くの買い手候補が興味を示す可能性があるため、オークション方式による売却プロセスが適しているといわれます。反対に、売却後のオーナーや経営陣・従業員の処遇や、利害関係者（自社を含む）との関係、売却プ

ロセスに関する要望など、売り手として買い手側に要望しなければならない事項が比較的多く存在する複雑なディールの場合には、信頼できる買い手候補との相対交渉の方が意向に沿った結果が得られやすい場合もあります。

ここでは、オークション方式による売却プロセスを、主として売り手の観点から説明していきます。図表3－2は、オークション方式による一般的な売却プロセスの流れを図示したものです。

売り手は、オークション方式による売却プロセスを開始する前に、売却対象企業・事業についての事前調査を実施します。いわゆるベンダーDDという手続きです。対象企業・事業を保有している売り手自身も、その売却プロセスに関与する者が、直近の状況を詳細に把握できているとは限りません。他方で、買い手候補は、DDを許される段階で、対象企業・事業の内容を詳細に調査し、状況を把握します。対象企業・事業に関する情報量は、本来であれば売り手の方が優位に立っているべきところ、DDの後は買い手候補の方が内容を詳しく把握しているということも起こり得るわけです。こうした展開に対処するため、売り手は、買い手候補への情報提供前にベンダーDDを実施し、対象企業・事業に関する問題点や交渉上の論点を整理することが一般的です。

図表3-2　オークション方式による企業／事業の売却プロセス（売り手側）

①各種アドバイザー（FA、弁護士、会計・税務アドバイザー）の選定
②売り手、対象企業／事業の担当者、アドバイザーによるキックオフミーティング、方針の確認
③対象企業／事業に関する重要情報の収集・整理
④ベンダーDDの実施
⑤買い手候補へ提供するインフォメーション・メモランダム（IM）と各種入札要綱の作成
⑥買い手候補のリスト作成
⑦匿名ベースでの買い手候補への打診、買収興味の確認
⑧興味を示した買い手候補との秘密保持契約書（CA／NDA）の締結、IMおよび一次入札要綱の提供
⑨買い手候補から一次入札（ノンバインディング・オファー）の受領
⑩二次ラウンドに進める買い手候補の選定。二次入札要綱ならびに最終契約書の草案（マークアップ用）の提供
⑪買い手候補による各種DDの受け入れ（マネジメント・インタビュー／サイトビジット（現場視察）を含む）
⑫買い手候補から最終入札ならびに最終契約書マークアップの受領
⑬買い手候補を1社に絞り込み、最終交渉
⑭最終契約書の締結。プレス公表
⑮クロージング

なお、売り手は、ベンダーDDの実施に先立って外部アドバイザーを選定し、売却プロセスの準備にあたらせます。関与を求める外部アドバイザーには、売却プロセスの推進を担当するフィナンシャル・アドバイザー（FA）、法務面を担当するリーガル・アドバイザー（一般的に弁護士事務所）、財務・会計・税務面を担当する

会計事務所・税理士事務所などが含まれます。

ベンダーＤＤの結果も踏まえ、買い手候補への情報提供のためにインフォメーション・メモランダム（ＩＭ：Information Memorandum）を作成し、買い手候補へ配布します。ＩＭには、対象企業・事業の概要ならびに足元の経営状況に関する情報が盛り込まれます。ＩＭの内容に基づき、買い手候補に想定買収価格を含む一次入札の提示を求める場合には、買い手候補側で企業・事業価値評価をし得るだけの最低限の財務情報（たとえば将来財務予測）もＩＭに含めて提供する場合があります。

ＩＭにどの程度の情報を含めるかについては、高度な判断を要します。売り手側の資料ですので、一般的には対象企業・事業の価値が低く評価される要因となるようなネガティブな内容は記載しません。ただし、二次入札に先立つ買い手側のＤＤで検出され、交渉上の論点となり得るような事項については、前もって情報開示しておくことも一案です。情報開示が遅れれば遅れるほど、買い手候補の心象を害する可能性があり、その後の交渉も難航する恐れがあるからです。

一次入札を提出した買い手候補の中から数社を選定して、二次（最終）入札に先立つＤＤ実施の機会を提供します。この際売り手は、二次入札にあたり買い手候補が記載すべき項目

を示した入札要綱と、最終契約書の草案も同時に買い手候補に提供します。最終契約書の草案については、一定のマークアップ（修正）の余地は残しつつも、他の買い手候補との比較においてマークアップが少ない方が最終選考される可能性が高いことを強調しておく必要があります。なぜなら、マークアップの内容は買い手候補によってまちまちで、価格よりも比較がしにくい項目であることに加え、二次入札後に買い手候補を1社に絞ってしまうと買い手候補側のバーゲニングパワーが強まってくるので、この最終契約書（草案）提出のタイミングが買い手候補を牽制できる最後のチャンスとなるからです。

買い手候補を1社に絞った後は、相対方式とほぼ同様のプロセスになります。買い手候補が提出した入札価格と最終契約書のマークアップに基づき、最終交渉を行って最終契約書の締結に進んでいきます。この際に、次点候補を1、2社控えさせておくことが一般的ですが、実際に交渉先を次点候補に切り替えることはそう容易ではありません。それは、交渉先を切り替えた時点で、次点候補には第一候補との交渉がうまくまとまらなかったことを知られてしまい、売り手の交渉ポジションも弱まってしまうからです。よって、最終選考の前に有力な買い手候補からは十分な情報収集と確認を行い、1社に絞ってからは原則として当該買い手候補と最終合意まで進む覚悟が必要となります。

⑶ 経営統合やジョイントベンチャー設立の場合

合併や共同株式移転などの経営統合や、両当事者が既存事業を拠出し合うジョイントベンチャー（JV）の設立にあたっては、当事者は、売り手でもあり買い手でもあるという立場から、M&Aプロセスを進める必要があります。たとえば、DDを実施しようとする場合、相手方の事業に関するDDを実施することに加え、自社の事業について相手方が行うDDの受け入れについても対応しなければなりません。外部専門家のサポートを得るとしても、限られたリソースで売り買い両方の側面について対応するのは大変ですから、体制と推進スケジュールについては慎重なプランニングを要します。

こういった場合に留意すべき点は、相互主義です。対等の精神でプロセスを進めようとする場合、こちらの要求は必ず相手からの要求として返ってくるという想定が必要です。たとえば、実務上よく議論となるのがDDのスコープです。特に上場企業同士の事業統合案件の場合には、会計監査を通じて財務数値の基本的な信頼性が担保されていることを前提に、どのような範囲・深度でDDを実施するかを決めることになります。そして、こちらから相手に要求するDDのスコープは、そのままバーターで、相手からこちらに要求されるDDのスコープになることが多いので、あまりに範囲を広げてしまうと、お互いにプロセス負担が重

くなります。

他方、いくら会計監査を受けているとは言ってもすべての瑕疵が発見されるわけではないことは歴史上のさまざまな経済事件が証明していますので、重要性の高いポイントはきちんとDDをしておかなければ、会社の経営者・取締役としての責任は免れません。そこで、その辺りのさじ加減をバランス良く行い、効率的かつ効果的なDDをお互いが実施できるように合意しないといけません。他方、非上場企業同士の統合案件で会計監査を双方とも受けていない場合には、基礎的な財務データの信頼性の検証も含めてやらざるを得ないので、そうしたさじ加減の度合いは比較的に小さくなるのは自明でしょう。

2 案件ソーシング（ロングリストからM&A対象へのアプローチまで）

(1) 案件ソーシングのポイント

M&Aは、一般投資家が行う株式投資や不動産投資のように、対象資産の値上がりやその利回りだけを受動的に期待する投資ではありません。むしろM&Aは、対象企業株式や対象事業の所有権の取得を通じて当該事業に対する経営権を獲得することにより、対象事業のパフォーマンス向上や自社事業との間のシナジー効果を実現することがその主たる目的で

す。さらに、より重要な意味づけとして、自社の事業戦略の推進を目的とする戦略的な企業行動であるといえます。

加えて、M&Aには取引相手が存在するため、自らの努力だけでは達成し得ない要素が存在します。株式市場で少数単位の株式を取得する際には売り手と交渉する必要はありませんが、M&Aにおいては交渉相手側の意向に多分に左右されるという側面があるのです。

案件開発を行う場合には、これらを踏まえて以下の4つのポイントに留意する必要があります。

①事業戦略との適合性

取り組もうとしているM&A案件は、自社の事業戦略に適合したものか

②案件開発は試行錯誤のプロセスとなるのが必定

M&Aの案件開発は、相手があることなので直線的に進められるものではなく、調査と状況整理を繰り返しながら進める試行錯誤のプロセスである

③業界環境とタイミングは重要な要素

M&A案件は、経済環境や業界内の競争環境、M&A対象の経営状態などの影響を受

けるため、適切な状況とタイミングを見極めて進める必要がある

④組織的な対応

M&Aは取引金額も大きく、戦略的な議論が必要であるため、総合的かつスピーディな判断が求められる。よって多くの場合 経営トップの関与が不可欠

個々の企業や事業はどれも同じではなく、固有の強みや弱み、可能性やリスクといった特性を有しています。よって、M&A対象を選別するプロセスは、M&Aにおいて非常に重要です。戦略上、間違った企業や事業を対象とするM&A案件の先に成功は存在しません。前記のポイントも踏まえながら、一般的な案件ソーシングのプロセスについて以降で説明していきます。

(2) M&A対象企業の選定手続き

通常は、幅広い企業群の中からM&A対象となり得る企業をリストアップすることからプロセスを開始します。いわゆるロングリストの作成です。ロングリストで挙がったM&A対象候補については、一定の情報を収集した上で5~10社程度に絞り込んでいきます。

絞り込みに際しては、自社の事業戦略との適合性を十分に議論し、確認していきます。M&A対象候補が注力している市場（規模や成長性も含む）や顧客セグメント、製品カテゴリー、競争戦略やビジネスモデル、有する経営資源、現在の事業規模や過去の業績などを調査し、M&A対象として適当かどうかを判断していきます。

たとえ理想のM&A対象が見つかったとしても、売り手側に売却意向がまったくなければその時点で案件化は困難になります。M&A対象としての検討を継続していく必要性を見極め、足元では別のM&A対象との可能性を探る方がより効率的な対応となる場合もあります。

(3) 対象へのアプローチ

M&A対象を特定した後は、実際に売り手やM&A対象の経営陣にアプローチし、M&Aの意向を確認します。売り手またはM&A対象の経営陣へのアプローチ方法については、さまざまなルートが考えられます。理想は、やはり買い手自らが、売り手またはM&A対象の経営陣に直接アプローチすることです。買い手としての本気度を示すことができる上、相手方と直接コミュニケーションをとることによって誤解が生じる可能性をコントロールする

ことができます。

しかしながら、ダイレクトなコンタクトルートが常に得られるとは限りませんし、状況によって当初は匿名でコンタクトし、売り手の反応を見極めてから自らの名前を明かしたい場合もあるでしょう。そのような場合は、M&A助言会社などのFAを通じて売り手やM&A対象の経営陣へ接触することも考えられます。FAにアプローチを依頼するメリットとしては、匿名性を維持できることに加え、人的ネットワーク力、アプローチをかける上での経験やノウハウを活用することができるといった点があげられます。なお、コンタクトする相手先は、意思決定者またはそれに通じる人物であることが理想的です。

コンタクトが構築されたら、然るべきタイミングで意思決定者（またはプロジェクトリーダー）同士の会談をセットし、人間関係の構築とディール・ロジック（案件の意義）の確認を行い、M&A案件としての協議を軌道に乗せていきます。こうしたやり取りに先立ち、秘密保持契約書（CA＝Confidentiality Agreement）を締結することが一般的です。日本企業の中にはCAの締結に慎重な企業も少なくなく、時間を要することもあります。

(4) 秘密保持契約書（CA）の締結

M＆Aにおいては、M＆A対象企業・事業の内容に関する機密情報がやり取りされることに加え、当事者（売り手・買い手）がM＆Aを検討している事実そのものも守秘性の高い機密情報を構成しますので、まずはCAを締結した上で協議を開始します。

CAを締結することによって、契約当事者は相手方から受領した機密情報の第三者への開示や、案件検討以外の目的での利用を制限されることになります。これは、機密情報提供者の利益を保護する観点からは重要なことですが、制限の範囲にあいまいさが多いと、情報使用者の観点からは不都合が生じることもあります。そこで、通常は秘密保持の対象とならない情報につき、次のような例を明示して、秘密保持の範囲を限定するような手当てがなされることが一般的です。

- すでに公知となっている情報か、情報受領当事者の責によらずして公知となった情報
- 情報開示当事者から受領する以前から情報受領当事者が認知していた情報
- 情報開示当事者との秘密保持義務が及ばない第三者から、情報受領当事者が秘密保持義務を負うことなく正当に取得した情報
- 情報受領当事者自らによって開発された情報

CAの有効期間に関しては、個々のM&A案件によって異なりますが1年から数年（3～5年程度）の期間が定められることが一般的です。

もしも、CA違反が発生した場合（または発生する恐れが合理的に認められる場合）には、追加的な情報漏えいを阻止するための差し止め請求と、情報漏えいによって生じた損害に関する損害賠償請求の対応が考えられます。

(5) 持ち込み案件への対応

買い手候補には、M&A助言会社から案件機会が持ち込まれることがあります。経営体制がしっかりしており、着実に業績を伸ばし、かつ更なる将来成長の可能性を秘めているといった、いわゆる「良い会社」はそれほど多くはないため、M&A市場は一般的に「売り手市場」です。特に売り手がオークション方式の売却プロセスをとっている場合は、価格も高騰しがちですから注意が必要です。

通常は、売り手側のFA（または買い手側のFAになる意図を持ったM&A助言会社）からティーザー（Teaser）と呼ばれる簡易な案件概要説明書が提供され、その案件に興味がある場合には、CAの締結を条件として、インフォメーション・メモランダム（IM）が提供

されます。この際には、より的確な判断をするために、情報提供者と積極的にコミュニケーションをとり、当該案件が自社に持ち込まれた経緯や価格を含む売り手が想定している売却条件、対象企業・事業の業績や将来性などビジネスの概況などについて、周辺情報を収集することが重要です。

3 エグゼキューション・フェーズにおける初期検討

売り手と買い手候補がCAを締結し、M&A対象企業・事業に関する一定範囲の情報のやり取りをしながら初期的な協議をする準備が整ったら、基本合意書の締結に向けて本格的なエグゼキューションの手続きに入っていきます。図表3－1に示した通り、この段階ではM&A対象を理解するための情報収集と分析を行いますが、より具体的な作業項目としては、初期的な、①買収スキーム（M&Aストラクチャー）の検討と、②企業価値評価（バリュエーション）を実施します。いずれも、基本合意書に記載する、取引形態と取引価格の内容を決定するための準備作業となります。

4 基本合意書（LOI／MOU）

(1) 基本合意書を締結する意味

基本合意書（LOI／MOU）は、ある段階における取引当事者間の了解事項を文書で確認し、最終契約書（Definitive Agreement）締結までの日程や双方の協力事項について合意するものです。一般的には、秘密保持や独占交渉権に関する規定を除き、法的拘束力を持たない（Non-binding）文書として作成されることが多いのですが、その目的と内容は個々のケースによってさまざまです。

基本合意書を締結することの最大の意義は、売り手と買い手双方がその時点までの主な合意事項を書面で確認することにあります。特に売り手にとっては、DDの受け入れに先立ち、買い手側と価格や取引形態、取引実行のタイミング、その他の付帯条件等を書面で確認しておくことに大きな意味があります。なぜなら売り手と買い手双方で、案件へのコミットメントを再確認することができれば、その後のDDにおいて売り手は情報の開示範囲をさらに広げることができ、買い手は時間と費用をかけて案件遂行に必要なDDやその後の検討を継続することが容易になります（後述の通り、買い手は一定期間の独占交渉権を要求す

る場合があり、売り手が合意すれば基本合意書に盛り込まれます）。

また、売り手と買い手双方にとっての案件規模にもよりますが、基本合意書締結が当事者の適時開示の対象となる場合には、基本合意書締結の事実が一般に公表されることにより、案件を秘密裏に進めなければならないという制限がはずれ、DDの実行フェーズにより多くの関係者を巻き込むことができるようになります。

その他の意義として、上場企業同士が合併や共同株式移転などの手法で経営統合する場合には統合比率が重要な論点となりますが、報道等に影響されない時点の株価に基づいてこれを算定・合意するために、基本合意書締結の段階であらかじめ合意した統合比率を公表する場合もあります。

(2) 基本合意書の内容

図表3－3は、一般的な基本合意書の記載事項例です。

独占交渉権の付与に関する記載は、基本合意書の中でも買い手候補にとって重要性の高い事項です。M&Aを実行するためには、買い手候補はDDの実施や案件マネジメントのための体制確保など、内部・外部の多大な経営資源を割かなければなりません。にもかかわら

図表 3-3　基本合意書に盛り込まれる事項の例

- M&Aの対象範囲
- 取引スキームの概要
- 買収予定金額、およびその算定方法
- 取引実行のための付随条件
- 買収後の役員・従業員の処遇
- デューデリジェンスの範囲、時期、協力体制
- 独占的交渉権
- 表明・保証
- 準拠法・仲裁機関
- 秘密保持義務
- 最終契約に向けた誠実協議義務
- 法的拘束力の有無・範囲
- 基本合意書の有効期間
- 停止条件
- スケジュール
- その他当事者間で合意された事項

ず、売り手が突然交渉先を他の買い手候補に切り替えてしまったら、それまでに費やした時間と費用が無駄になってしまいます。こうしたリスクを低減するために、買い手候補は売り手に一定期間の独占交渉権を要求することが一般的です。

(3) 基本合意書の法的拘束力

秘密保持義務に関する条項を除き、基本合意書には法的拘束力を付さないことが一般的です。ただし、案件によって基本合意書に求められる目的や役割はさまざまですので、法的拘束力を付すか否かは条項ごとに個別に判断されるべきです。たとえば、独占交渉権の取り扱いについては、比較的大きな幅が存在します。あまり詳細な規定を設けず、一定期間の独占交渉権を付与することのみを記載する場合もあれば、売り手のどのような行動が

独占交渉権違反を構成するかの詳細な定義から、違反があった場合の損害賠償請求権に関する規定まで、事細かに記載する場合もあり、後者の場合には一定の法的拘束力を付すことが一般的です。

5 デューデリジェンス（DD）

M&Aのプロセスでもっとも重要なプロセスの1つがデューデリジェンス（DD）です。M&A対象の企業や事業をさまざまな切り口から調査します。

(1) DDの種類

DDはさまざまな切り口から分類されます。まずはDDの対象となる分野別の分類です。M&A対象の事業モデルや収益・コスト構造、自社と対象事業との間のシナジーなどを対象とする調査がビジネスDDです。一方、M&A対象企業や事業に係る財務（過去や現在の財政状態、損益・キャッシュフロー、税務ポジションなど）を対象とする調査が財務・税務DDと呼ばれます。また、法務面の調査が法務DDです。その他、調査対象ごとに、ITDD、人事DD、不動産DD、環境DDなどがあります。

次にDDの主体に関する分類があります。M&Aの買い手が行う調査をバイヤーDDと呼びます。これに対し、前述の通り、売り手側が売却に先立ち、自己点検や想定売却価格の評価のベースとするために行う調査がベンダーDDです。売り手側の担当者がM&A対象企業や事業のことを知悉しているとは限りませんし、M&A対象企業や事業が思わぬ問題を抱えていることもあります。売却戦略や交渉戦略の策定のために売り手側があらかじめDDを行い、M&A対象企業や事業のセールスポイントや問題点を把握することは、売り手にとってとても重要です。そうした理解が進んだこともあり、最近は日本でもきちんとしたベンダーDDが行われるケースが増えてきました。

さらには、M&Aプロセスの段階別の分類があります。M&Aのプロセスにおいて、買い手候補者がいきなり多くの情報にアクセスできるケースはありません。売り手側から見ればDDにおいて開示される情報には機密性の高いものが多く、それが競合企業に漏れると商売上の不利益につながる恐れがあります。実際、競合企業がM&Aをする気もないのに、商売上の機密を手に入れるために作為的に売り手に近づき、DDを利用して、そうした情報を入手するケースもないとはいえません。そこで売り手側としては、買い手候補者の本気度を見据えながら、段階的にDDの情報を出していきます。買い手側から見ると、まずは

Preliminary DD からDDプロセスがスタートします。これは売り手側から出される極めて限定的な情報と、買い手側が独自に集めた公開情報等による初期的なDDです。

その後LOIが締結されると、いよいよ本格的なDDに入ります。これをFull DD と呼びます。場合によっては売り手の意向により、Full DD も段階的に進むことがあります。そして最終契約が調印されると、クロージングに向けて時折 Confirmatory DD と呼ばれるDDが行われるケースもあります。これは、最終契約調印前に本来実施すべきDD手続きを完遂できず、追加的に確認したいことがある場合に、最終契約の中で補足的なDDに協力する義務を売り手に課すことにより行われます。

(2) DDの目的

DDを広義に、M&Aプロセスにおける情報収集、情報分析・検討、対応策の立案に関する手続きと定義すると、その目的は、M&Aプロセスの段階ごとに図表3－4のように整理することができます。

M&Aプロセスは、個々の案件ごとに異なりますし、DDに与えられる期間もさまざまですので、必ずしも前述のような段階を経るM&A案件ばかりとは限りませんが、これらの事

図表 3-4　DD の目的（M&A プロセスの段階別）

段階	目的
案件ソーシングからエグゼキューションの初期段階（基本合意書締結）まで	●対象企業・事業に関する理解と、自社戦略との整合性確認 ●ディールに関する重要論点の整理 ●初期的バリュエーション、ストラクチャーの検討等に必要な情報収集 ●その後の詳細DDのプランニング
エグゼキューション最終段階（基本合意書締結後から最終契約書締結まで）	●詳細DDの実施ならびに論点（価格交渉、表明保証、PMIへの影響）の整理 ●対象企業・事業の業績改善ならびに自社とのシナジー効果に関する検証 ●ディールブレーカー（案件検討中止につながる事項）の有無の確認 ●PMIプロセスのプランニングに必要な情報収集
最終契約書締結からクロージング監査まで	●クロージング監査を実施する場合にはそのプランニングと実施（クロージング後） ●PMIプロセスの準備

項は案件過程のいずれかの段階で確認されるべきものです。

(3) DDのプロセス

M&AのDDは時間との戦いです。M&Aの対象となっている企業や事業がどんなに大きく、あるいは複雑でも、通常は1カ月程度の期間しか与えられません。延々とDDを行っているとM&Aのプロセスが進行していることが外部に漏れ、株価が動いてしまったり、横槍が入ったりすることによって当初のプラン通りにM&Aが実行できなくなり、結果としてデ

ィールが潰れてしまうことがあるからです。また、M＆Aプロセスには売り手やM＆A対象企業・事業側も限られたメンバーしか関与しませんので、DDの中で広くさまざまなキーパーソンにアクセスすることはできないのが通常ですが、その中でどれだけ効率的・効果的に情報を集めることができるかが勝負となります。

このようなことから、DDのプランニングは極めて重要です。DDのプランニングではまず、当該M＆Aの目的、対象企業や事業、自社のビジネスとのシナジーの評価手法とキーとなる確認事項、ディールブレーカーとなる事項の定義、ディールストラクチャー（どのような形態でM＆Aを行うか）、関係当事者の利害や状況をきちんと把握した上で、DDの範囲と手続きを決定します。これをスコーピング（Scoping）といいます。巨大なクロスボーダーの買収案件でDDを行う際、そのすべてを1カ月程度の期間で調べ上げることはもちろん不可能です。一方で、重要な事項、リスクが高い事項等は網羅的に調べ上げないと投資の意思決定はできませんので、このスコーピングが極めて重要になるのです。もちろん相手がいることですので、いったんスコーピングしたところで、相手側とその実現可能性を話し合い、交渉し、合意するプロセスがその後に続きます。

そして、スコープが決定されると、それを誰が実行するのかの検討に入ります。チームの

作り方は会社によって、また案件によってさまざまです。基本的には買い手のプロジェクトチームと弁護士や会計士、税理士などの専門家の混合チームとなります。重要なことはチームメンバー間のコミュニケーションです。大きな案件では100名近いDDチームが組まれることもあります。また、それもさまざまな国の人たちからなるチームであることもしばしばです。そして、あるチームによる発見事項が他の分野のDDに影響を与えることも多いので、そうした情報共有をいかにタイムリーに行うかが、効率的かつ効果的なDDの設計には欠かせません。

たとえば、法務DDのチームが一定量の原材料を長期間にわたって固定価格で購入する契約を発見したとします。それはビジネスDDにおける収益性やコスト構造、将来事業計画の調査に大きな影響を与えます。またそれは、財務DDにおける原価計算や将来キャッシュフロー、簿外負債などの調査にも影響します。そうした情報がタイムリーに共有されることなくDDが進んでしまうと、ビジネスDDや財務DDにおいて的外れな分析に貴重な時間が費やされる結果となります。したがって、チーム間でいかにしてタイムリーに重要な発見事項をシェアするかといったコミュニケーションプランの設計は、DDプランニングの中でも重要な項目となります。各チームの主要メンバーが参加する定期カンファレンスコールをセッ

トしたり、コアプロジェクトチームがハブになってそうしたコミュニケーションを図る建てつけにしたり、あるいはDDの進捗管理システムを活用したよりシステマティックな手法を採用したり、いろいろな工夫がなされます。

さらに、DDのスケジューリングを行います。M&Aのプロセスには、すでに説明したように、いくつかの重要なマイルストーンがあります。LOIの締結、価格交渉、投資に係る機関決定（取締役会や株主総会、役員会など）、SPAの締結、クロージングなどです。こうしたマイルストーンから逆算して、いつまでにDDを終えなければいけないかを考えていきます。DDのプロセス自体にもいくつかのマイルストーンがあります。キックオフミーティング、何回かの中間報告会、最終報告会などです。これらを時系列に並べていき、DDのスケジュールを組み上げます。

(4) DDスコーピングにおけるポイント

前節で触れましたが、DDのスコープを決め、相手方とそれを合意するプロセスは極めて重要ですので、そのポイントについてより詳細に説明します。

①M&Aの目的
まず買い手は、M&Aの主たる目的と照らし合わせて、DDにおける論点を絞り込むことが必要です。強力な販売チャネル、有力な製品ライン、優れた研究開発体制、効率的なオペレーション、優秀な人材など、M&Aの主たる目的はさまざまですが、DDの設計においてはこうしたM&Aの主目的に沿って優先順位づけを行い、焦点を絞った調査とすべく、スコープを設計すべきです。

②取得する持分割合
売り手から許されるDDの範囲は、買い手が取得する対象企業の持分割合によっても変わってきます。取得しようとする持分割合が高くなればなるほど、買い手がDDで確認すべき事項の範囲と深度も拡大します。通常、買収という場合には議決権割合で50%超の株式取得を意味しますが、その場合のDDの範囲や深度は、たとえば20%未満の株式取得を行う場合とでは、自ずと異なります。

とはいえ、たとえ20%未満でも巨大な企業の株式取得を目指す場合には、金額的にはかなりの額にのぼることもあり、その場合には相応のDDを行わなければ投資意思決定ができな

いケースもあります。そうした場合も含め、買い手としては常にできるだけ広範囲で深いDDを実施したいのに対し、売り手としては、手間やコストの問題からも、買い手の合理的な意思決定や価格づけを阻害しない範囲内で最小限のDDにしたいという心理が働きます。こうした対立構造の中でのDDスコープの合意は、「M&Aプロセスの中での交渉がすでにはじまっている」というマインドで臨む必要がある重要事項といえます。

③企業価値評価の方法

後述しますが、対象企業・事業をどのような手法で評価しようとしているかによっても、DDのポイントは変わってきます。たとえば、DCF法（後述）による評価が重要な場合には、将来事業計画について重点的に検証していく必要があります。株価倍率法を用いる場合には、進行年度の予想業績や来期予算の達成可能性が重要な確認対象数値となってくるでしょう。また、修正純資産法を用いる場合には、貸借対照表に関する分析が重要になってきます。

DDにおける発見事項は、いずれにせよ、最終的に、契約条項の中で何らかの手当てをするか、企業・事業価値評価モデルに落とし込み価格に反映するか、のいずれかの道を辿りま

す。ゆえに、あらかじめ、どういう評価手法を用いるかを想定し、そのキーとなる数値ファクターに重要な影響を与える項目を中心にスコーピングすることが、効率的で効果的なＤＤにつながります。

④対象企業の業種

対象企業・事業の業種や業態、付加価値創造のバリューチェーンの中で担っている役割等もＤＤのスコープを決定する上で考慮すべき重要な点です。たとえば不動産開発や建設業、大規模エンジニアリングプロジェクト等の業態であれば、収益認識基準やプロジェクト原価の計上方法、赤字受注の状況、資金調達、偶発債務（環境、訴訟）などといった項目が一般的には重要な調査項目となってきます。

またソフトウェアやコンテンツ制作の業態では、ソフトウェア・コンテンツ開発費用の取り扱い、プロジェクトの進捗管理、商品の陳腐化、キーパーソンのリテンションなどが重要な調査項目となります。このように、業態ごとにポイントとなる調査対象は異なりますので、業種・業態特性を考慮の上スコーピングする必要があります。

⑤対象企業の属性

M＆A対象が上場企業か非上場のオーナー企業であるか、あるいは大企業の子会社であるか、といった属性も、スコーピングにおける重要な考慮事項です。まず、上場企業であれば会計監査が行われていますし、それなりのガバナンスや内部統制が敷かれていることが想定されますので、非上場企業と比較すると、基礎的なデータの信頼性は高いことが推定されます。一方、非上場でワンマンな創業者が経営している企業の場合には、ガバナンスや内部統制の整備・運用状況が脆弱なことも多く、また、オーナーが会社のガバナンスや内部統制を意図的に無視して自らの意思を通すような、いわゆるマネジメント・オーバー・ライドという現象が起こっている可能性もあるため、基礎的なデータの検証手続きをDDに織り込んだ方がよいかもしれません。いわゆる不正リスクは一般的には後者の方が格段に高いからです。

さらに、後者のケースでは、対象企業が、オーナー一族が保有する他のグループ企業と取引関係を持っていたりします。こうしたオーナー一族保有企業との取引がアームズ・レングス（第三者間取引と同等の条件）で行われているのかどうか、また取引自体が必要なのかどうかなど、疑わしければ詳細に調べる必要があります。その他にも、取引先（顧客・仕入

先）との関係がオーナー個人の関係に依存していないか、オーナーが経営を離れた後に経営の求心力は維持できるのかなど、さまざまなオーナー企業特有の論点を頭に入れた上で、DDのスコープを決めていく必要があります。

一方、大企業の子会社のケースで問題になるのは、スタンドアローン問題といわれる論点です。大企業の子会社を切り離して買収する場合、子会社の財政状態や経営成績はあくまでグループ内の会社としての実態を示しており、これを切り離すと、その内容が変わってしまう可能性があります。さらには、切り離しによって、そのままでは一企業としてはやっていけない場合もあり、M&Aにあたって実際上の手当てが必要となる場合があります。

たとえば、経理や税務実務は、実は親会社の主計部がほとんどやっており、その対価が異常に廉価となっている場合を考えてみてください。当該子会社の損益計算書上、こうした業務に関するコストは過小となっており、もしこれを適正なコストで計上すれば、当該子会社の利益はその分減ってしまいます。したがって、この分を補正した後の利益ベースで評価をしなければ当該子会社の適正価値の評価にはなりません。

さらに、実際上の手当てとしても、買収後、元の親会社の主計部からの手助けはもちろんありませんので、当該企業自らが経理・税務実務ができる人を雇ったり、買い手の主計部が

そのサポートを引き継いだりしなければ、企業としては継続していけませんので、その辺りの手当てを買収前に考えておかないといけません。

このように、大企業の子会社などが、それだけを切り離しただけでは独立した一企業として機能しない問題を総称してスタンドアローン問題といい、こうした買収案件では必ず重要なDD上の論点として挙げられます。もっとも典型的な例はITの問題です。グループ会社間で共通のITインフラを利用しており、その中の買収対象企業を切り出す場合、当然そのITインフラを買収後も使い続けることは困難ですし、そうなると新たなITインフラを導入しなければいけません。

一方、元のITインフラ上のデータを新たなITインフラに移行する必要がありますが、それには一定の労力と時間がかかります。このような場合には、買収後も一定期間売り手グループのITを使いながら、同時並行で新たなITを導入し、データを移行する必要があります。グループのITインフラに頼っている企業には十分なIT人材もいないのが通常ですので、新たに人を雇ったり、買い手から派遣したりしなければいけません。そのための人の手当て、プロセスの検討、コストの試算、最終契約書の中での手当て（一定期間の売り手システム使用についての取り決め）などを検討するための材料をDDの中で集めるためのスコ

ープ設計が必要となります。

⑥ストラクチャー

M&Aのストラクチャー（取引形態）もDDスコープの設計にあたり考慮しておく必要があります。たとえば、ストラクチャーとして株式譲渡を採用する場合には、通常、株式の譲渡に伴って簿外負債も買い手に移転しますので、簿外負債や偶発債務、税務関連の詳細な調査が、重要性の高いDD手続きになります。一方、事業譲渡ストラクチャーを採用する場合には、前述した通り、対象会社に付帯する簿外負債を引き継ぐことはありませんので、その辺りの手続きの重要性は低くなりますが、他方で、カーブアウト（事業の切り出し）にかかる問題点について入念に調査しておく必要があります。

DDの設計にあたっては、こうした論点を含め、本当に重要な検討課題により多くの調査時間を当てられるよう設計する工夫が必要です。

図表 3-5　DD 発見事項への対応

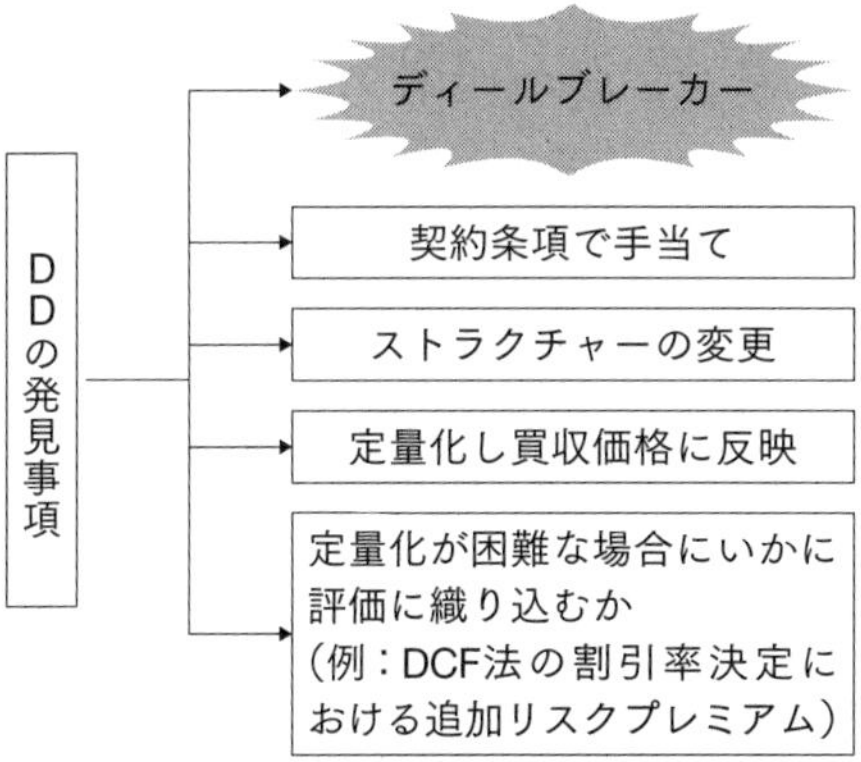

(5) DDの発見事項に関する対処

図表3－5は、DDの発見事項に関する対処方法をまとめたものです。DDの結果、事前検討段階では予期していなかった重大な問題が検出され、当該ディールを諦めざるを得ないケースは当然起こり得ます。将来の収益性に関する重大な懸念、対象事業のビジネスモデルの継続性に関する重要な問題、巨額の資産含み損や簿外負債、見通しがつかない重大な係争事件といった項目がDDで検出された場合などがそれに該当します。こうしたディールを諦めざるを得ない重大な事項をディールブレーカーと言います。裏を返すと、DDの設計においてはまず最低限こうしたディールブレーカーがないことを確信できる程度の範囲と深度でDDが実施できるように考慮される必要があ

るわけです。対処方法としても、ディールブレーカーとなる可能性がある項目が検出された場合には早急に売り手側とそれについて協議し、ディールの検討から撤退することになります。

一方、重大な発見事項ではあるものの、ストラクチャーを変えたり工夫することで買い手が当該項目に関する影響を排除したりできる場合、または契約上の工夫により買い手への影響を最小化できるようなケースもあります。たとえば、ある企業グループの株式買収を企図している時に、そのグループ傘下のある会社に対するDDで過去の税務申告上の問題が発見されたとしても、当該企業の株式を買い取り対象から除外することができれば、その問題の買い手に対する影響を排除することができるかもしれません。また、その問題が企業グループ全体の問題、ないしコアとなっている会社の問題で買収対象からすべてを外すわけにはいかない場合でも、株式買収から事業だけを選択的に買収する事業譲渡ストラクチャーに変更することで、買い手がそうしたリスクを背負い込むことを回避できるかもしれません。

さらに、ある企業グループ傘下の子会社の買収を企図している場合に、DDで検出された、当該子会社が関わっている大きな係争案件に伴う偶発債務のリスクについて、株式譲渡契約の中で、当該偶発債務に係る将来の損失ついては親会社がすべて補償する旨の条項を入

れることができれば、その親会社の信用状態に問題がなく、債務負担能力が十分にある限り、そうした手当てでディールを進めることができるかもしれません。

DDにおける発見事項がディールブレーカーやストラクチャーの変更を伴うような重大な問題ではない場合、それら発見事項の対処は対象企業ないし事業の価値の評価あるいはシナジーの評価に織り込む、ないし最終契約書における何らかの手当てで対処することになります。

まず、DDの発見事項が合理的な定量化に馴染む項目かどうか、また、そうした定量化のための情報が十分にあるか否かを判断します。合理的な定量化が可能なものについては定量化し、その結果を評価モデルに反映させます。

たとえば、ある製品の市場における価格低下傾向が明らかであるにもかかわらず、対象企業から提出された事業計画では将来も一定の販売単価が維持される前提になっている場合に、価格低下の予想を定量化し、当該事業計画を下方修正することで、当該事業の評価を引き下げるわけです。

一方、定量化に馴染まないDD発見事項もあります。こうした項目については契約書上の取り決めで対処できないか知恵を絞ります。たとえば、買収対象企業がオーナー企業で、今

現在も事業展開がオーナーの力やネットワークによるところが大きい場合に、M&A後いきなり当該オーナーが引退すると事業価値の急激な低下が起こる可能性があります。こうしたケースでは、たとえば、オーナーが株式売却後も3年間顧問として在任し、オーナーのネットワークの引き継ぎや買い手による事業展開のサポート義務を契約に入れたりします。そして、その実効性を高めるために、株式売却代金の支払いを一部据え置き、当該義務の担保にしたりします。

一番厄介なDD発見事項は、合理的な定量化に馴染まなかったり、そのための情報がなく、また一方で契約書での対処にも限界があったりする項目でしょう。たとえば、DDにおいて確証を得られていないので合理的な定量化はできないが、対象会社が提出してきている情報以上に不良な債権や投資があるのではないかと思われるケースや、新製品の開発にかなりの投資を行っており、その2年内の商品化成功を事業計画で見込んでいるがその蓋然性の判断がつかない場合などです。

親会社がいるケースでは、親会社からの補償のような条項で買い手が被る将来損失を最小化することも考えられますが、上場会社のように株主が分散している場合にはそうした手当てはできません。こうした場合の最後の手段としては、たとえばDCF法の評価において追

加リスクプレミアムを割引率に付加し、評価額を下方修正する手当てが考えられます。

ＤＣＦ法については後述しますが、基本的に将来キャッシュフローを割引率を用いて現在価値に割り戻し、その総計を事業価値とする方法ですので、分母となる割引率が上がれば事業価値評価額は下がることになります。ただ、この方法は皆さんもすぐに感じられる通り、かなり「大ざっぱ」な感じになり、あまり科学的とはいえません。当該リスクプレミアムがたとえば、なぜ1％なのか、なぜ2％ではないのか、の説明は合理的にはできません。したがって、ＤＤの発見事項に対する対処方法としては最後の手段、最終的な調整と考えておきましょう。

(6) 基礎的事項の調査

ＤＤにおいて一番最初に行われるのは基礎的事項の調査といわれるものです。その調査項目は図表3－6をご参照ください。

効率的で効果的なＤＤのためには、各ＤＤチームのメンバーが対象企業や事業の全体像をきちんと把握していることが必須となります。そうした全体像を共有するためのＤＤの出発点が基礎的事項の調査です。したがって、これら項目の調査結果と発見事項は、報告書や

図表3-6　基礎的事項の調査

すべての調査・分析（ビジネスDD、財務DD、法務DD等を含む）の基礎となる事項として以下の基礎的事項の調査を実施する
● M＆A対象企業（グループ）の沿革、事業内容、事業の状況等の概要 ● 組織構造・ガバナンスと報告体系、内部統制 ● 経営戦略、ビジネスモデル、経営上重視しているKPI ● 生産体制、販売網と調達網、物流 ● マーケティング ● 研究開発 ● 経営陣、従業員の概要と人事報酬制度 ● 各関連会社の位置づけと関連会社間取引 ● 設備投資計画 ● 事業計画と予算の策定手続き、現状（予実差異の分析） ● 過去の重要な調査（税務調査や監督官庁による調査）の概要と結果 ● 内部監査と外部監査の概要、結果 ● 重要な会計方針、会計慣行 ● 過去および現在進行中の組織再編、リストラの概要 ● 株主総会、取締役会、その他重要な意思決定機関の議事録 ● 重要なコミットメントや偶発債務

DDパッケージなどの形式で、全DDチーム メンバー間で共有されるべきです。

(7) ビジネスDD

DDにおいてもっとも重要なものがビジネスDDであることには誰もが首肯するでしょう。M＆Aの目的は種々あり、中には対象企業が保有している資産（不動産や特定人材など）を取得するのが主目的であることも稀にはありますが、ほとんどのケースはその対象が単一ないし複数の事業です。どんなに素晴

らしい財務状態にあったとしても、事業の将来性がないと判断されれば、M＆Aを断念せざるを得ないケースがほとんどでしょう。したがって、そうした事業の将来性を判断する材料となるビジネスDDはもっとも重要なDD領域です。

ビジネスDDの主な手続きは図表3－7の通りです。M＆A対象事業の過去・現在、そして将来の状況を徹底的に調べあげます。ここではもっとも重要なポイントを説明します。

①正常収益力

対象事業のDDに係る出発点は、過去そして現在の収益力の調査です。過去の管理会計資料や財務会計データを詳細に分析し、過去そして現在の収益性がどの程度であったのか、それは各事業が属するマーケットのトレンドや競合他社との比較でどのようなパフォーマンスと評価されるか、がその主な内容となります。ここで重要なことは、「正常な」収益力を見定めることです。それは裏を返すと、「異常な事項、非経常的な事項」を排除した、通常の状態で持続可能な収益力を分析することに他なりません。

企業の財務会計データや管理会計資料には時として異常ないし非経常的な事項が混入していますので、そうした事項を特定し、「正常化（Normalized)」した収益力を分析します。滅多に発生しない事象の影響で原材料費が高騰していた、ある事業の管理利益にその事業に関

図表 3-7　ビジネス DD の主な分析対象と手続き

●外部環境分析

●業界分析

●M＆A対象企業・事業の経営戦略・ビジネスモデル・内部資源の分析

●収益性分析
- 以下の項目に関するKPI分析、予算実績対比分析等
  - 売上・売上原価・売上総利益
  - 人件費
  - 固定費・変動費、損益分岐点
  - 運転資金
  - 設備投資

⬇

対象会社（事業）の単体事業計画の分析
- 単体事業計画の作成目的・プロセス
- 前提条件（KPI等）の分析
- 前提となるKPI等の過去の推移と事業計画との整合を分析
- 前提となる外部環境分析、業界分析、収益性分析等の結果と事業計画との整合を分析

買い手企業とM＆A対象会社（事業）の統合計画と事業シナジー効果の分析
- 収益シナジーの分析
- コストシナジーの分析

統合リスクに係る分析
- 事業内容および事業環境の分析
- 経営方針、経営戦略の分析
- ガバナンスと企業文化の分析
- 業務システム、業務管理手法の分析
- 情報システムの分析
- 組織と人材の分析
- 人事制度・人事管理の分析
- 会計基準の分析
- シナジーとシナジー発現の前提条件となる統合条件の分析

連した事故に起因する保険差益が計上されている、業績が悪かった年の管理利益において減価償却費が計上されていない、など、さまざまなケースがあります。

②ビジネスの分析ツールと仮説検証アプローチ

世の中にはさまざまなビジネスの分析ツールがあります。たとえば、マイケル・ポーターのファイブ・フォーシズ（Five Forces）分析やボストン・コンサルティング・グループが考案したPPM（プロダクト・ポートフォリオ・マネジメント）分析などのツールです。ビジネスDDにおいて適宜こうしたツールを用いると、より効率的で効果的なビジネスDDをすることができます。

ただ、気をつけなければならないのは、これらはあくまでツールであり、ビジネスDDの目的や結果を構成するものではないということです。経験が浅い人がビジネスを分析すると、いたずらにこうした分析ツールの作成に時間を費やした上で、結局何が結論なのかがわからないビジネス分析となってしまうことがあります。ビジネスの将来性分析に関しては多くのシナリオが考えられるのが通常であるため、いわゆる「積み上げ型、帰納法的」プロセスの採用には慎重になるべきです。むしろ、仮説を立ててそれを検証していく仮説検証型の

アプローチが本来採るべき手法で、その過程で有効な分析ツールを選択し、用いるという方式が効率的で効果的なビジネスＤＤのプロセスです。

③ＫＰＩ

ビジネスの分析対象は山ほどあります。一方で、Ｍ＆ＡのＤＤで与えられる時間は極めて限られているというのは既述の通りです。したがって、どのように効率的にビジネスを分析するかが重要になります。

これを考える上で重要なキーワードの1つがＫＰＩ（Key Performance Indicators）です。企業の経営者や事業の管理者は、自らの事業を管理する上で重要な指標を各々持っており、それをＫＰＩといいます。ＫＰＩには、特定の業界に属する事業の管理者が共通に管理している汎用的なＫＰＩ（たとえば小売業における平米あたり売上高やホテル業における稼働率や平均ルームレートなど）もありますし、その企業や事業の管理者独自のＫＰＩもあります。

いずれにせよ、事業の管理者は、複数の主要ＫＰＩを選択してモニターすることを決め、それをレイヤーやプロセスごとに段階的に下層ＫＰＩに展開していく形で管理しています

（図表3－8）。そして、管理者が策定する将来事業計画や予算もこうしたKPIの将来予測をベースに組み立てていきます。したがって、ビジネスDDにおいてもこうしたKPIを中心として調査・分析をしていくアプローチが合理的で、効率的・効果的なDDに繋がります。

④ Value-up余地とシナジー

M＆AにおけるビジネスDDの出発点として過去そして現状の正常収益力の見定めは極めて重要ですが、同様に将来の目線も大事です。現状M＆Aのマーケットは非常に競争的で価格も高いので、そうした中でライバルよりも高い価格で意中のM＆A対象を手に入れるには多くの交渉上のポケットを持っておく必要があるからです。

その意味でビジネスDDにおいても「将来このように経営したら、こういう施策を実行したら、これだけ事業価値が上がるはず」というValue-upに関する仮説をさまざまな観点から立て、それをDDの中で検証していくことが重要になります。これにはM＆A対象企業・事業単体のValue-up余地だけではなく、当該対象と買い手との間のシナジー効果の分析も含みます。

図表 3-8　KPI 管理－KPI の展開（例）

策定したKPIを組織階層および組織機能に展開
→PDCAを可能とする基盤（ルール設定）が重要

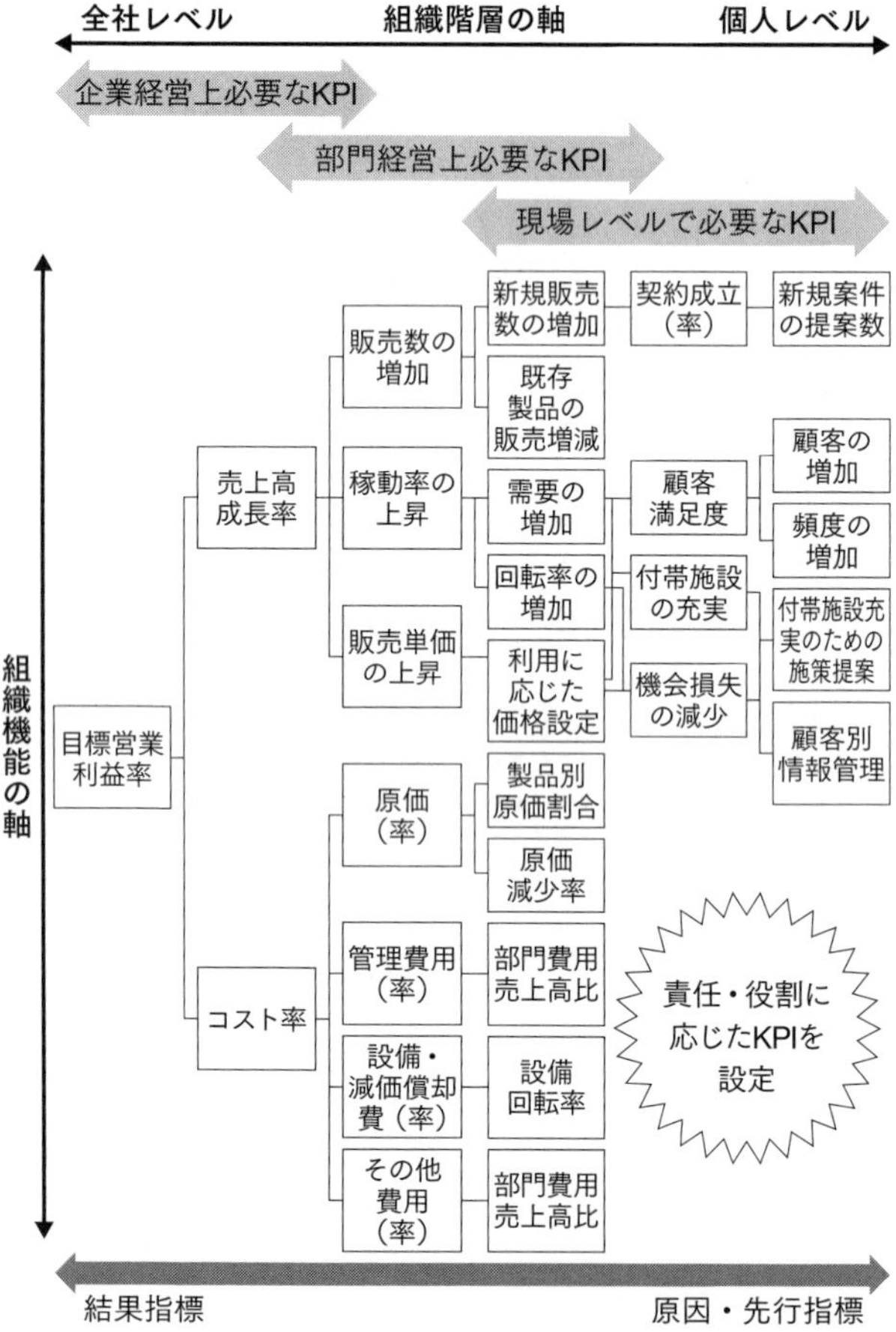

シナジーについてはすでに説明しましたが、シナジーの発現はM&A対象企業・事業側の収益増ないしコスト減という形で出ることもありますし、買い手企業側の収益増ないしコスト減という形になることもあります。したがって、双方の観点からシナジーに係る仮説を立て、ビジネスDDの中で検証します。

(8) 財務DD

M&A対象企業ないし事業の財政状態、経営成績、キャッシュフロー、税務ポジションなどの調査が財務DDです。財務DDにおける主な調査範囲と調査手続きは図表3－9の通りです。ご覧いただけばお分かりになりますように、その調査範囲と手続きは広範囲にわたります。ここではその主要なポイントを説明します。

①ビジネスDDとの連携－過去の正常収益力

ビジネスDDのところで過去および現在の正常収益力の見定めがビジネスDDの出発点だと説明しましたが、その見定めにあたっては財務DDチームとの連携が欠かせません。財務DDチームはさまざまな過去の財務書類を調査・分析します。その中で多くの異常事項や非

経常的事項を発見します。そしてその結果をビジネスＤＤチームにフィードバックすることで、対象企業や事業の正常収益力を把握するサポートをします。

特に管理会計データの正確性の検証は重要な役割になります。管理がずさんな会社では管理会計データがきちんと整備されていなかったり、財務諸表などの財務会計データとの整合性がなかったり、といった事象が発生しています。ビジネスＤＤチームがその調査の対象とするのは管理会計のデータですから、それが正確性に欠ける場合には、当然のことながら、

	投資有価証券 ●会計方針の把握 ●含み損益の把握 **純資産** ●自己株式・潜在的株式の状況の把握 ●種類株式の状況の把握 ●剰余金の分配状況の把握 **退職給付債務** ●退職給付制度の把握 ●退職給付債務算定方法の分析 **オフバランス項目** ●訴訟係争等による偶発債務の把握 ●契約による偶発債務の把握 ●債務保証の把握 ●解約不能なリース契約の残リース債務 ●買戻条件付売買契約等による利益操作の有無 ●デリバティブ取引の分析 ●インセンティブボーナス等の報酬制度の把握 ●購入コミットメントの把握 ●リストラ費用の分析 ●後発事象の把握 ●関係会社グループ会社との取引の把握 **税務関連項目** ●税務調査の状況の把握 ●繰越欠損金の状況の把握 ●繰延税金資産・負債の分析 ●企業再編税制適用の状況の把握 ●移転価格による影響の分析

図表3-9　財務デューデリジェンスの主な分析対象

基礎的事項の分析

売上高
- 売上高内訳分析
- 商品・サービス別販売単価・数量の分析
- 主要顧客分析
- 季節変動分析
- 収益認識基準の把握
- 返品・値引き・リベート
- ロイヤリティ・ライセンス収入
- 受注残の状況の分析

売上債権
- 回転期間分析
- エージングリストの分析
- 回収可能性の検討
- 会計上の貸倒引当金計上方法の検討
- 貸倒要件の把握
- 与信管理状況の把握

仕入・売上原価
- 過去実績の変動分析
- 主要仕入先分析
- 比較購買活動の有無の検討
- 仕入コミットメント・集中購買の状況の把握

仕入債務
- 回転期間分析
- 未計上債務・計上不足の有無の検討
- 異常残高の有無の検討

棚卸資産
- 評価基準・評価方法の把握
- 不良在庫の把握
- 仕掛品・未成工事支出金の評価
- 在庫管理状況の把握

原価計算
- 原価計算制度の把握
- 原価差額の要因分析
- 固定費・変動費の分析

販売費および一般管理費
- 期間比較分析
- 変動費・固定費の把握
- 予算実績比較分析
- 配賦費用の分析

運転資金と資金繰り
- 運転資金に含まれる項目の把握
- 運転資金の適正水準の分析
- 季節変動分析
- 資金管理状況の把握

現金預金／借入金
- 余剰資金の把握
- 拘束性預金の有無
- 借入金
- 借入条件（金利、返済期限、期限前弁済の可否、財務コベナンツの有無等）の把握
- 返済スケジュールの分析
- 債務保証・担保差入の状況の分析

有形固定資産と設備投資
- 減価償却および含み損益の把握
- 減損会計の状況の把握

ソフトウェア
- 自社利用ソフトウェアの把握
- 販売目的のソフトウェアの把握
- 含み損益の把握
- IT投資の状況

ビジネスDDの結果もおかしなものになってしまいます。

そのため、財務DDチームはDD作業の中でも優先度を持って、管理会計データの正確性の程度を評価し、ビジネスDDチームにフィードバックするとともに、その是正やデータの作り直しなどについてビジネスDDチームと協議し、サポートします。

②財政状態の調査－資産の含み損益と簿外負債

M&A対象企業の財政状態の調査では貸借対照表に計上されている資産を精査し、資産性がない資産の有無や資産の含み損益を調査します。長期間滞留している売掛金、滞留在庫や不良在庫、内容が不明な仮払金、不動産の含み損益、減損処理すべき回収不能な投資などが発見されることがあります。

また、貸借対照表上には計上されていない簿外負債を調査します。M&A後に巨額の簿外負債が見つかるケースがありますが、これはM&Aの失敗に直結するケースが多いため、特に注意が必要です。単に計上が漏れている債務、意図的に計上されていない債務（不正関連）、引当金計上されていない製品保証債務、追徴の可能性がある簿外租税債務、係争中の事件に係る債務、残業未払いなどの労働基準法違反に係る債務など、さまざまな形態の簿外

負債があり得ます。

簿外負債の調査において、財務DDチームは法務DDチームや人事DDチームなど他のDDチームと連携します。法務DDチームによる契約書のレビューや訴訟関連の調査から簿外負債の可能性が浮かび上がってくることもありますし、人事DDのチームから人事関連の簿外負債の情報がもたらされることもあります。

簿外負債の調査で頭に入れておかなければいけないことは、簿外負債を網羅的に探すことはかなり難しいということです。架空資産の調査であれば貸借対照表に載っている資産の実在性と評価額を1つ1つ確かめていけばよいのですが、簿外負債はその名の通り「簿外」なので、帳簿や決算書には載っていません。載っていないものの存在を網羅的に確かめるというのは、かなりの困難を伴うのです（ちなみに簿外資産や架空負債は企業の財政状態にマイナスの影響を及ぼさないので、重要な調査対象とはなりません）。

そこで、他のさまざまな分野の調査を行っているDDチームとの連携がその把握のために極めて重要になります。各DDチームは簿外負債につながる可能性のある事項に気づいた場合には即座にその情報を他のDDチームとシェアする必要があります。

③キャッシュフローの調査―正常運転資本

ある事業を運営するのにどの程度の運転資本がかかるのかを確かめることも財務DDの重要な役割です。DCF法で事業価値を評価する場合、将来的に持続可能なフリーキャッシュフロー（FCF）の総計を算出する必要がありますが、その際には利益だけではなく、運転資本や設備投資も重要な要因となるからです（注：FCF＝利払前税引後利益＋減価償却費等の非資金費用－設備投資＋運転資本の増（－）減（＋））。

通常、運転資本は「売掛金等の営業債権＋棚卸資産－買掛金等の仕入債務」で算出されますが、ここでも収益力同様に異常な項目を排除した「正常」運転資本がどの程度なのかを分析する必要があります。異常で巨額の不良債権や滞留在庫、何らかの理由（製品品質トラブルなど特定仕入先とのトラブル等）により長期間未払いとなっている買掛金などは除外して通常の営業循環における正常な運転資本額を算出します。

また、運転資本が適正に管理されておらず、運転資本の改善可能性があるケースでは、運転資本改善による事業価値のバリューアップという観点から、どの程度運転資本を圧縮することが可能なのかを調査・分析し、定量化することが求められます。

さらに、将来における事業の拡大や縮小が予定されている場合には、それに伴い、どの程

度運転資本が増加ないし減少するかを分析することも重要です。すなわち、動態的な視点を持って運転資本を分析する必要があります。複数の事業を営んでいる企業を買収する場合には、各事業の将来における拡大・縮小により、いわゆる売上ミックスが変化していくことが想定されますが、それぞれの事業に必要な運転資本額は異なることから、必要運転資本総額も変化していきます。こうした連関をきちんとおさえておかないと、将来ＦＣＦの正確な算定はできませんので留意が必要です。

④設備投資の分析

前述した通り、設備投資も将来のＦＣＦを見定める上で重要なファクターの１つです。過去にどのような設備投資が行われてきたか、現状の設備の状況は良好か、将来どのような設備投資が必要となるか、といった観点からの分析を行います。特に経営不振企業のＭ＆Ａにおいては、資金的余裕がないことから通常行うべき設備投資が行われておらず、設備が老朽化していることもあります。そのような場合にはＭ＆Ａ後即座に設備投資を行う必要がありますので、そうした設備投資に係る短期的な支出を事業価値の評価に織り込まなければいけません。

設備投資は他の支出に比べても多額の支出となることが多く、こうしたケースでは事業価値にかなりの影響を与えることになりますので、慎重な分析が必要です。また、将来において事業拡大が見込まれている場合、工場や設備の新設・増設、営業店の増設等で比較的多額の設備投資が必要になります。こうしたケースにおいても事業価値の算定において設備投資は重要な項目になりますので、留意を要します。

⑤税務ＤＤ

すでに説明しましたが、Ｍ＆Ａにはさまざまな買収ストラクチャーがあります。そして、そのどれを選択するかにより、税金を繰り延べることができたり、逆に税金を支払わなければならなくなったりするなど、税務上の取り扱いが変わりますので、税務上の検討はとても大切です。

また、前述の通り、過去の税務申告における問題は将来の追徴等を引き起こす可能性があり、偶発債務のリスク評価のためには税務ＤＤを通じた対象企業の税務ポジションの見定めが必須となります。税制は言うまでもなく各国で異なっており、新興国の中にはしょっちゅう税制が変わったり、極めて複雑な税制がとられていたりする国もあります。そこで国境

をまたぐM&A、すなわちクロスボーダーM&Aにおいては税務DDに特段の注意を払うことが必要になります。

(9) 法務DD

会社は法律に基づいて設立され、さまざまな法規制にしたがって運営されています。そしてさまざまな契約を取引の相手方と締結し、事業を営んでいます。法務DDではそうした対象企業・事業を取り巻く法的な基本事項の確認や重要な契約書の内容の調査、違法事項の有無の確認、知的財産権に係る問題点の把握、訴訟や係争の有無とその内容の分析、偶発債務の有無の確認等を行います。

(10) 人事DD

会社や事業の中心は「ヒト」です。M&Aでは企業や事業を買収しますが、それは裏を返せばそこで働いている「ヒト」を中心とする有機的な結合体を獲得する行為ともいえます。M&A後の統合（PMI）が簡単ではないのもそこに「ヒト」が介在し、主導権争いを繰り広げたり、モチベーションが低下したり、事業をする上でのキーパーソンが辞めてしまった

りするからです。

　そこで、そうした「ヒト」に係るさまざまな状況を調査する人事DDが重要になります。人事DDでは経営陣や事業運営上のキーパーソンの状況、人事制度の整備・運用状況、報酬やインセンティブ制度、年金や福利厚生、採用や離職、労務問題などの状況などを調査します。

⑾ その他のDD

　その他のDD領域で重要なものとしてITDDがあります。対象企業・事業のITシステムの整備・運用状況を調べるのがITDDです。近年の企業・事業運営においてITシステムはその根幹を成す重要なパーツです。すべての重要な経営情報はITシステムによりつくられ、保存されています。したがって、M&A対象企業・事業と買い手との事業統合やそれによるシナジーの発現も、ほとんどの場合、ITシステムの統合をその基礎条件とします。

　そこで、M&A対象企業・事業でどのようなITシステムが用いられ、それが現在どのように運用され、いかなるビジネスプロセスとなっているのかを確かめることは極めて重要なDDの領域となります。サイバー攻撃によるシステムの混乱や情報流出のリスクが高い業種

については、どのようなセキュリティ体制が敷かれているのかも重要な論点となります。
また、前述の通り、大きな企業グループに属する子会社などでは親会社のシステムを利用しているケースがほとんどで、Ｍ＆Ａ後は当該システムを利用できなくなることから、新たなシステムへの入れ替えやデータの移行をどうするかといったことがＭ＆Ａにおける重要な問題になることがあります（スタンドアローン問題）。したがって、そうしたことが想定されるケースではＩＴＤＤの重要性はさらに高まります。

不動産や小売関連のビジネスなどでは保有資産に占める不動産関連資産の重要性が高いことから、不動産ＤＤが重要なＤＤ領域となります。また、不動産ＤＤが特に重要になるのは経営不振企業のＭ＆Ａ（Distressed M&A、事業再生関連のＭ＆Ａ）の場合です。こうしたケースでは重要な不動産はそのほとんどが金融機関融資の担保となっており、Ｍ＆Ａを成立させるためには金融機関との交渉が欠かせませんので、その担保不動産の評価額（と含み損益）の見積りが必須となります（詳しくは第5章をご参照ください）。

特に工場用地等で環境汚染問題がありそうな不動産がある場合には、環境問題に関するリスクを判断する環境ＤＤが必須となる場合があります。環境ＤＤは極めて専門性が高い分野ですので、その実施にあたっては通常は専門家への依頼が必要となります。

6 企業価値評価

(1) M&Aにおいて企業価値評価が必要となる背景

M&Aにおいては、主として以下の3つの理由から企業価値評価が必要となります。

①M&Aの価格交渉に先立つ買収（または売却）価格の内部検討
②利害関係者（株主、債権者など）への説明
③証券取引所や財務局等の機関や当局への説明

企業の取締役会は、M&A案件の検討にあたり、投資の回収可能性や売却価格の妥当性の判断について株主に対する善管注意義務を果たす必要があります。そこで、外部の専門家（評価の専門機関）にM&A対象企業・事業の価値の客観的評価を依頼し、それを1つの拠りどころとして相手方と交渉することで、合理的な取引が実行されるように努めます。

案件規模が大きくなると、企業価値評価における前提条件の小さなブレや誤り、認識違い等が、買収価格に多額な影響を与えてしまうこともあり、専門家の活用は取締役会の責務遂

行上もとても重要になります。

(2) 企業価値評価のアプローチ

企業価値評価の実務においては、以下の3つの評価アプローチが用いられています。

①マーケット・アプローチ――株式市場やM&A市場における株価や取引価額を基準に事業価値または株主資本価値を算定するアプローチ
②インカム・アプローチ――将来または過去のキャッシュフローや損益を基準に事業価値や株主資本価値を算定するアプローチ
③コスト・アプローチ――企業の純資産の時価評価額等を基準に株主資本価値を算定するアプローチ

これら3つのアプローチを用いて評価を行うのは、それぞれの評価アプローチが対象企業・事業の異なる価値側面にそれぞれ着目するものだからです。可能であれば、これらを複合的に用いて多面的な企業価値評価を行うことが有益です。

図表3-10　企業価値評価の主な手法

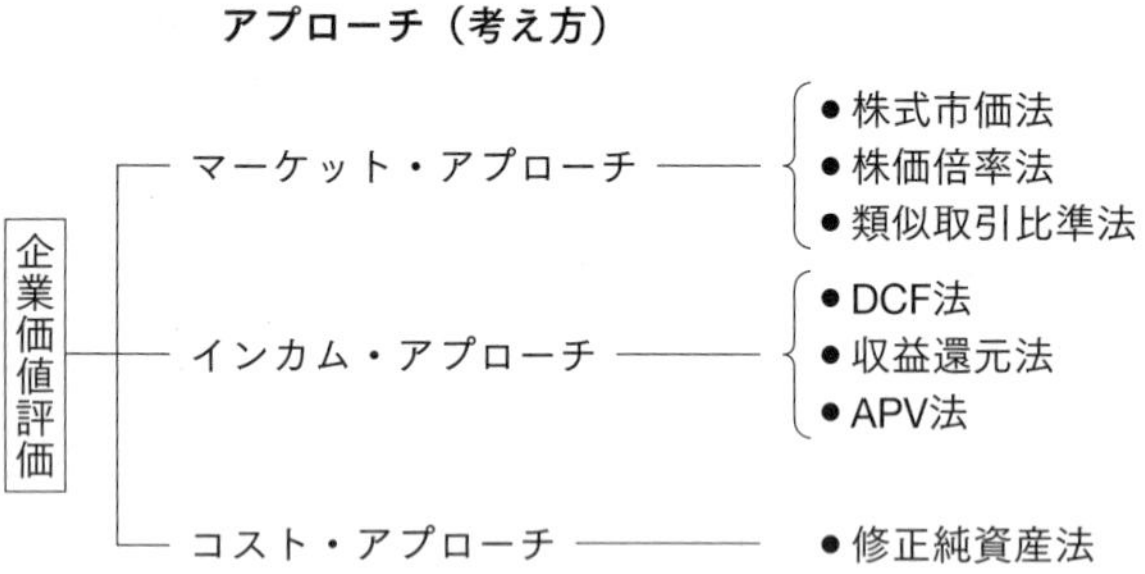

おのおのの名前が表す通り、マーケット・アプローチは〝市場相場〟、インカム・アプローチは〝収益〟、コスト・アプローチは〝原価〟に着目する評価アプローチです。それぞれのアプローチの中には、図表3－10の通りいくつかの評価手法が存在します。

(3) マーケット・アプローチに含まれる評価手法

①株式市価法

株式市価法とは、対象企業がその株式を資本市場に上場している場合に用いることができる手法です。株式市場で取引された株価の一定期間における平均値などをもって1株当たりの株主資本価値とする評価手法で、市場株価平均法などと呼ばれることもあります。

株式市場において取引されている株価は、一般に企業の収益力、成長性など投資家の考えや興味を反映した取引価

格と考えられています。そのため、株式市価法は客観性の高い評価手法と位置づけられています。株式市価法においては、直近日の株価の他、株価の1カ月平均値、3カ月平均値、6カ月平均値などが用いられます。

株式市価法の対象期間中の株価が特定の理由により異常に変動している場合には留意が必要です。株価変動の異常を検証するために有効なのがイベント分析です。イベント分析では、市場株価や出来高の推移と、対象企業が公表したプレスリリースや報道機関による報道などとを照らし合わせ、対象企業の状況にそぐわない株価の異常な変動があるか否かを確認します。こうすることで、たとえば、現実には事実無根の報道により株価が急騰した時期の株価を排除して平均株価を算定することができます。

②株価倍率法

株価倍率法とは、対象企業と類似する上場企業（数社）の株式時価総額（または事業価値）を、利益などの財務数値で除して株価倍率を算定し、その株価倍率を対象企業の同様の財務数値に乗ずることによって対象企業の株主資本価値（または事業価値）を評価する手法です。

図表 3-11　株価倍率の種類

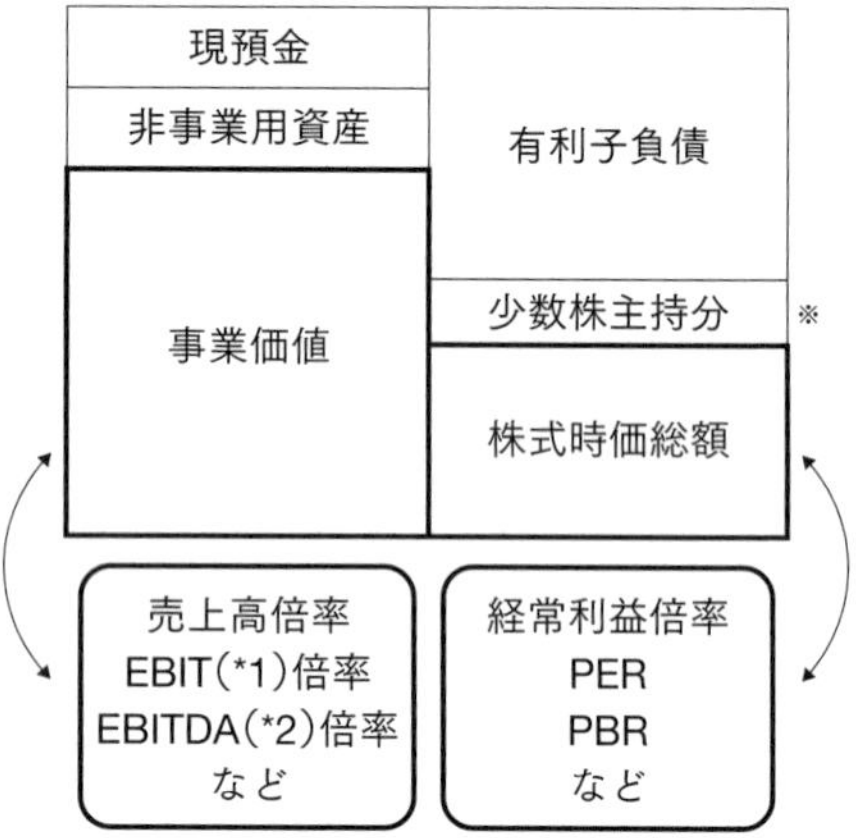

※使用する数値は、連結ベースであることを想定している。
*1：EBITとは、「Earnings Before Interest & Tax」の略であり、金利税金差引前利益を指す。
*2：EBITDAとは、「Earnings Before Interest, Tax, Depreciation & Amortization」の略であり、金利税金減価償却費差引前利益を指す。

たとえば、今M&A対象となっているA社の類似企業である上場企業B社の株式時価総額が100億円で、当期利益は10億円であるとします。そうすると、当期利益と時価総額の倍率は10倍となっています。その株価倍率を用いて、A社の当期利益9億円に対して10倍を適用し、A社の株主資本の評価額を90億円と算定するわけです。

株価倍率法において用いられる株価倍率には、図表3－11にあるように、①事業価値に対する株価倍率と、②株式時価総額に対する株価倍率の2つがあります。事業価値は、

株価を基準とした自己資本の価値である株式時価総額に、他人資本である有利子負債と少数株主持分を加算し、そこから現預金と非事業用資産を減算することで求めることができます。

株価倍率法は、類似企業の株価と財務数値という客観的データを基礎として算定される株価倍率を用いるため、株式市価法と並んで比較的 客観性の高い評価手法として広く用いられています。

③類似取引比準法

類似取引比準法とは、株価倍率法と同様に、倍率を用いて対象企業の価値を評価する手法です。株価倍率法が対象企業に類似する上場企業の市場株価を用いて株価倍率を算定するのに対して、類似取引比準法は、類似する企業に関するM&A取引事例（売買事例）の取引価額を用いて取引倍率を算定し、それを用いて評価を行うものです。

取引倍率の算定方法は、株価倍率法における株価倍率のものと概ね同様です。ただし、M&A取引事例の対象が非上場企業や事業の場合には、財務情報が入手困難か入手できたとしても限定的となるため、算定できる取引倍率はたとえば売上高倍率のみとなったりすること

もあります。

また、M&A取引が少ない業種においては、適当な類似取引事例が存在しない、または近時において少ない場合もあり、類似取引比準法は必ずしも常に用いられる評価手法とはいえないのが実情です。

(4) インカム・アプローチに含まれる評価手法（DCF法）

インカム・アプローチに含まれる評価手法の中で、もっとも広く用いられている手法が、DCF（Discounted Cash Flow）法です。他には収益還元法やDDM（Discounted Dividend Model）法などがありますが、DCF法ほどは用いられていません。収益還元法は、過去実績や予算上の損益を収益還元率を用いて資本価値に還元する簡易な評価方法で、ファイナンス理論の観点からはDCF法に劣ると考えられています。またDDM法は、DCF法の派生的評価手法の1つで、金融機関など特定業種の企業価値評価に限定的に用いられていますが、一般に広く用いられている評価手法とはいえません。このような状況を踏まえ、ここではDCF法に基づく評価プロセスを解説します。

図表3－12にあるように、DCF法は、事業から生み出される、外部資本提供者（株主、

債権者）へ分配可能な将来FCF（フリー・キャッシュ・フロー）を、株主資本と他人資本（負債）の加重平均資本コスト（WACC: Weighted Average Cost of Capital）で現在価値に割り引くことにより、対象企業の事業価値を算定する評価手法です。算定された事業価値に、事業に直接的に供されているわけではない非事業用資産の価値を加算することで企業価値を算定し、さらにそこから純有利子負債等を減算することによって株主資本価値を算定します。

図表3－13は、A社をDCF法によって評価するにあたり、A社のFCFの計算をイラストレーションしたものです。

まず、A社の中期計画（3カ年）から同期間のFCFを予測します。最初に、営業利益の予想値から法人税等の予想値（利益を課税所得とみなしこれに実効税率を乗じて計算）を差し引いたEBIAT（Earnings Before Interest After Tax）を算定します。そして、減価償却費、設備投資額、運転資本増減額の同期予想値をEBIATから差し引くことにより中期計画期間中のFCFを算定します。

中期計画期間中のFCFが算定できたら、次に中期計画期間が終了した時点の事業の継続価値を求めます。一般的には、図表3－14の下段の算式を用いて継続価値を算出します。

図表 3-12　DCF 法の概念図

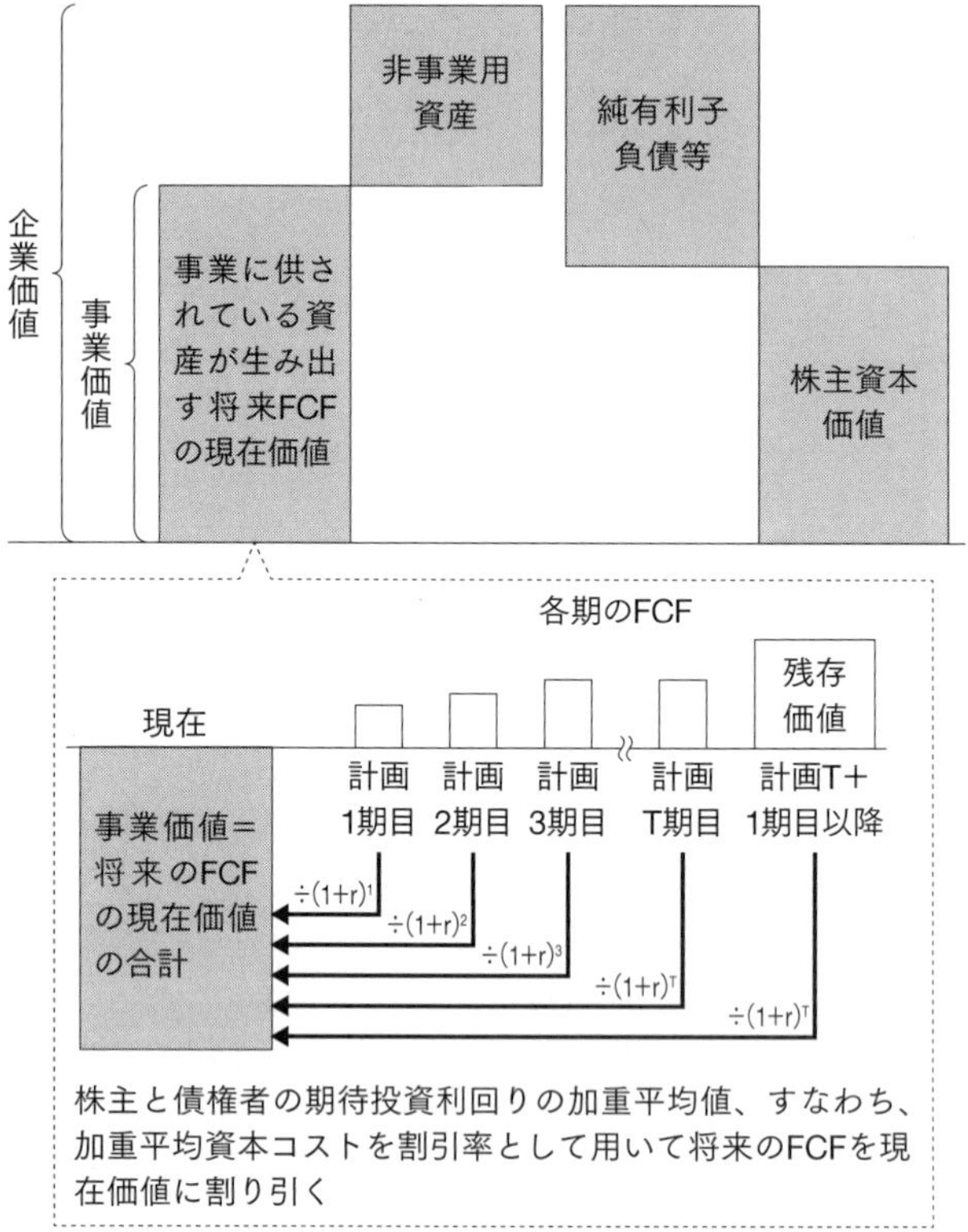

図表 3-13　A社の FCF の算定

事業計画

（単位：百万円、％）	2010年度(実績)	2011年度(計画)	2012年度(計画)	2013年度(計画)
売上高	30,000	30,860	31,794	32,803
売上原価	(26,500)	(27,060)	(27,594)	(28,003)
粗利益	3,500	3,800	4,200	4,800
粗利益率	*11.7%*	*12.3%*	*13.2%*	*14.6%*
販売管理費	(2,200)	(2,400)	(2,500)	(2,700)
営業利益	1,300	1,400	1,700	2,100
営業利益率	*4.3%*	*4.5%*	*5.3%*	*6.4%*
営業外収益・費用				
受取利息	20	20	20	20
受取配当金	70	70	70	70
支払利息	(90)	(90)	(90)	(90)
経常利益	1,300	1,400	1,700	2,100
特別損益	0	0	0	0
税引前利益	1,300	1,400	1,700	2,100
上記損益計算書に含まれる減価償却費	(1,500)	(2,000)	(2,300)	(2,500)
設備投資	2,000	2,200	2,500	2,500
実効税率	40%	40%	40%	40%

運転資本

（単位：百万円、日）	2010年度(実績)	2011年度(計画)	2012年度(計画)	2013年度(計画)
現預金	500	500	510	520
受取手形・売掛金	5,500	5,550	5,600	5,700
たな卸資産	2,000	2,030	2,100	2,150
支払手形・買掛金	(4,000)	(4,030)	(4,080)	(4,120)
運転資本	4,000	4,050	4,130	4,250
運転資本の増減		50	80	120
運転資本回転日数	*48.7*	*47.9*	*47.4*	*47.3*

FCFの算定

（単位：百万円、％）	2011年度(計画)	2012年度(計画)	2013年度(計画)
営業利益	1,400	1,700	2,100
受取配当金	70	70	70
EBIT	1,470	1,770	2,170
法人税等	(588)	(708)	(868)
EBIAT	882	1,062	1,302
減価償却費	2,000	2,300	2,500
設備投資	(2,200)	(2,500)	(2,500)
運転資本の（増）減	(50)	(80)	(120)
FCF	632	782	1,182

図表 3-14　A社の継続価値の算定

(単位:百万円、%)	2011年度(計画)	2012年度(計画)	2013年度(計画)	2014年度以降(予想)
営業利益	1,400	1,700	2,100	2,100
受取配当金	70	70	70	70
EBIT	1,470	1,770	2,170	2,170
法人税等	(588)	(708)	(868)	(868)
EBIAT	882	1,062	1,302	1,302
減価償却費	2,000	2,300	2,500	2,500
設備投資	(2,200)	(2,500)	(2,500)	(2,500)
運転資本の(増)減	(50)	(80)	(120)	—
FCF	632	782	1,182	1,302

割引率　6.4%
継続成長率　0.0%

(単位:百万円)

残存価値 = 継続可能FCF × (1+継続成長率) ÷ (割引率−継続成長率)
= 1,302 × (1+0.0%) ÷ (6.4%−0.0%)
= 20,344

(割引率の計算は後述。)

継続価値(TV:Terminal Value)とは、計画期間終了時点における対象企業の事業価値です。対象企業は永続企業ですので、中期計画期間以降の年度においても事業を継続し、一定の業績をあげていることが想定されます。しかし、中期計画を未来永劫引き延ばして対象企業の各期のFCFを予測することは現実的ではありません。継続価値を算定することによって、対象企業の計画期間終了後の価値をDCF計算に取り込むことができるようになるわけです。

図表3−14で表された式は、無限

図表3-15　WACCの算定式

WACC＝E／(D＋E)×株主資本コスト＋D／(D＋E)×負債コスト×(1−t)

E：株式時価総額　　D：純有利子負債
E／(D＋E)：株主資本比率　　D／(D＋E)：負債比率
t：実効税率

等比数列の和の公式を用いたもので、事業計画期間最終年度のＦＣＦを継続可能ＦＣＦとして、これが一定の継続成長率で成長し続けながら永続する、と仮定した上で、その現在価値の総和を求めるものです。

事業の継続成長率の推定は容易なことではありませんが、長期的な目線やマクロ的な観点から、実務的には、評価対象とする企業が属する業界の長期成長率やインフレ率の長期予測数値などが用いられます。

割引率の計算には、図表３－15のようなＷＡＣＣの算定式を用いるのが一般的です。

株主資本コストは、評価対象となる企業の株式へ投資するにあたり期待される収益率であり、一般的にはＣＡＰＭ理論（Capital Asset Pricing Model）を用いて算定されます。ＣＡＰＭ理論では、株主が求める期待投資利回り（株主資本コスト）を、リスクをほとんど負うことなく獲得できる期待利回り（リスクフリーレート）と、対象企業

の株式に投資するリスクを負うにあたり求められる追加的な期待利回り（エクイティ・リスク・プレミアムにベータ値を乗じて算出される追加期待利回り）とに分解して、それぞれ推計します。

リスクフリーレートとは、国債の利回りなど、リスクをほとんど負うことなく投資家が獲得することができる利回りをいいます。具体的には、取得の容易さや流動性等を考慮して、日本の場合には10年物国債の流通利回りを用いることが一般的です。

エクイティ・リスク・プレミアムとは、仮に株式市場全体に投資しようとした場合、投資家がリスクフリーレートに対して追加的に求めるであろう期待投資利回りをいいます。実務では、東京証券取引所に上場している日本企業すべての株式への投資から得られた過去数十年間の平均投資利回りから、同期の日本国債の平均投資利回りを差し引くことで算定される4～7％前後の数値をエクイティ・リスク・プレミアムとして用いることが多いようです。

ベータ値とは、評価対象とする企業の株式への投資が、株式市場全体への投資と比較して、相対的にどの程度リスク（ボラティリティ）があるかを示す係数です。1が、株式市場平均と同水準のボラティリティ・リスクを示す係数であり、1を超える数値は株式市場平均を上回るボラティリティ・リスク、1未満が株式市場平均を下回るボラティリティ・リスク

であることをそれぞれ表します。

たとえば、リスクフリーレートが1・0%、エクイティ・リスク・プレミアムが5・0%であるとして、評価対象企業のベータ値の推定水準が0・8だったとすると、当該企業株式に対して求められるCAPM理論上の期待投資利回りは5%（1・0%+5・0%×0・8）となります。

なお、ここまでCAPM理論を用いて株主資本コストの算定を説明してきましたが、評価実務においてはCAPM理論に含まれない追加的なリスク要素を、株主資本コストの算定に含めることがしばしばあることに留意が必要です。こうした要素の中には、評価対象企業の資本規模が上場企業のそれと比較して大幅に小さい場合の規模のリスクに対するリスクプレミアム（追加的な期待投資利回り）や、すでに説明した、定量化になじまない、対象企業・事業に係る固有のリスクに係るリスクプレミアムが含まれます。

WACCの計算ができたら、これを用いて中期計画期間中のFCF（3カ年）と事業の継続価値（中期計画期間の終了時点）の現在価値を求めてこれらの合計値を求めることにより、図表3－16の通りA社の事業価値を算出します。

最後に、事業価値に非事業用資産の価値を加算することで企業価値を算定し、さらにそこ

図表3-16　A社の事業価値の算定

（単位：百万円、%）	2011年度（計画）	2012年度（計画）	2013年度（計画）		2014年度以降（予想）
営業利益	1,400	1,700	2,100		
受取配当金	70	70	70		
EBIT	1,470	1,770	2,170		
法人税等	（588）	（708）	（868）		
EBIAT	882	1,062	1,302		
減価償却費	2,000	2,300	2,500		
設備投資	（2,200）	（2,500）	（2,500）		
運転資本の（増）減	（50）	（80）	（120）		
FCF	632	782	1,182		1,302
WACC　6.4%				継続価値	20,344
現価係数	0.9398	0.8833	0.8302		0.8302
FCFの現在価値	594	691	981		16,890

計画期間のFCFの現在価値の合計	2,266
継続価値の現在価値	16,890
事業価値	19,156

から有利子負債等を減算することによって株主資本価値を算定します。

DCF法を用いた企業価値評価の作業には、評価者に一定のファイナンス知識と評価の実務経験が求められます。

(5) コスト・アプローチに含まれる評価手法

コスト・アプローチに含まれる評価手法には、簿価純資産法と修正純資産法（または時価純資産

法）があります。ただし簿価純資産法は、会計上の純資産額を対象企業の評価額として用いるという単純なものであり、評価手法と呼べるほどの分析的要素はありません。よって、コスト・アプローチに基づく主たる評価手法は、修正純資産法ということができます。

○修正純資産法

修正純資産法は、評価対象となる企業の主な資産・負債の帳簿価額を時価に置き換えて時価純資産額を算定し、その金額をもって対象企業の評価額とする評価手法です。

なお、この「時価」には大きく分けて2つの考え方が存在します。1つは再調達原価、もう1つは正味売却価額（すなわち処分価格）です。M&Aにおいて買い手は、自社の経営に役立てるためにM&A対象企業を買収するわけですから、継続企業の概念に基づき再調達原価を用いながら時価純資産額を算定することが合目的であるといえます。

修正純資産法に基づく評価においては、税効果の取り扱いがしばしば論点になります。一般的には、再調達原価を用いて評価を行う場合には帳簿価額と時価評価額との差額について税効果を考慮しません。法人税等の税金は、利益に対して課されるもので、再調達原価による評価においては考慮すべきではないからです。他方で、近い将来、売却を予定している非

事業用資産の評価を正味売却価額で行っている場合には、税効果を考慮することが合理的な取り扱いといえます。

(6) シナジー効果を含む投資価値の評価

すでに説明した通り、M&A取引においては、買い手は必ずしも対象企業を単独企業の価値だけで評価しているとは限りません。むしろ、対象企業単独の価値と、M&A後に自社事業との間に生まれることが期待されるシナジー（相乗効果）の価値とを合わせた、トータルな「投資価値」を評価し、M&Aの妥当性を検討するのが一般的です。

一方で売り手は、買い手候補側におけるシナジー価値の発現可能性を念頭に、もっとも良い価格と条件を提示する買い手候補に対象企業を売却することを狙って価格交渉を進めます。売却プロセスの手法には、オークション（入札）方式と相対取引方式の2つのタイプがありますが、相対取引の形式を採る場合でも、交渉相手以外の潜在的な買い手候補がどの程度の価格・条件を提案し得るかを想定しながら、売り手は交渉プロセスを進めているであろうということに、買い手は留意する必要があります。

シナジー評価のポイントは、まず、①シナジー発現の総額だけではなく、いつ、いくら発

現するか、②発現のための条件と関連するコストはどうか、③発現に係るリスクはどの程度か、をいかに正確に見積もるかです。買い手は取引を成立させるためにシナジーの前払いを行っています。私たちは現在価値の世界に住んでいますので、シナジーが10年間に総額でいくら出るか、というようなアバウトな計算では足りません。それぞれの年度にいくら出るのかを見積もり、シナジーの将来キャッシュフロー表を作成します。そして、そうしたシナジーを発現させるための条件やコストを見積もります。すでに説明した通り、多くのシナジーの発現はシステムの統合を前提とします。そして、システム統合には相応の期間とコストを必要とします。そのあたりをきちんと見積もり、シナジーの将来キャッシュフロー表に織り込みます。

さらに、この将来キャッシュフローを現在価値に割り引くための割引率を決めるため、それぞれのシナジー発現に関する蓋然性やリスクを評価します。当然のことながら、リスクが高く蓋然性が低い場合には、そのリスクプレミアム分だけ割引率は高くなり、評価額は下がります。

このようにしてシナジーの評価額を算出し、対象企業・事業の単独価値評価額に加算すれば、買い手としてのポケットの総額が決まります。

(7) フェアネスオピニオン

フェアネスオピニオンとは、取締役会が決定しようとしているM&A取引の取引価格を対象として、独立した第三者が財務的見地からその妥当性に関する意見表明を行い、取締役会の善管注意義務・忠実義務の履行を担保する手続きをいいます。

訴訟の多い米国では、以前から、取締役会がM&A取引に関する重要な意思決定を行う際の検討資料として、投資銀行や会計事務所などの独立した第三者からフェアネスオピニオンを取得することが、一般的な手続きとなっています。日本においても、重要なM&A取引に関してフェアネスオピニオンを取得する実務が定着しています。

事例としては、金額的に重要性が高いM&A取引や、複雑なM&A取引が対象として見受けられますが、特に、支配株主とのM&A取引については比較的高い割合でフェアネスオピニオンが取得されています。

たとえば、親会社（上場）が子会社（上場）を株式交換により完全子会社化する取引を行おうとする場合、親会社は子会社の経営を支配していることから、親会社と子会社の少数株主との間には利害相反の関係が存在します。利害相反が認められる取引では、少数株主から取締役会の善管注意義務・忠実義務違反を問われる可能性が高くなりますので、そうしたリ

スクを意識する必要があります。そこで、第三者機関から評価報告書に加え、フェアネスオピニオンを取得し、取締役会による意思決定の妥当性を補強するという対応がとられています。

さらに、支配株主との取引においてフェアネスオピニオンが取得されることが多い背景として、日本証券取引所グループが、「支配株主を有する上場企業が、重要な取引等を行う場合、その決定が当該上場企業の少数株主にとって不利益なものでないことに関し、当該支配株主との間に利害関係を有しない者による意見の入手を行うものとする」と定めていることがあります。ここで言う支配株主との間で利害関係を有しない者としては、独立役員や第三者委員会が想定されていますが、これらの者からの意見入手が困難な場合には、「弁護士からの意見書や第三者算定機関によるフェアネスオピニオン」を取得することで代替が可能とされています。こうしたことが、支配株主との取引等に関してフェアネスオピニオンを取得する背景となっているわけです。

なお、重要な取引等には、合併等の組織再編行為のすべて、事業譲渡、株式を端株化することによるスクイーズアウト、第三者割当増資、自己株式の取得、TOBの実施等が含まれることに留意が必要です。

7 契約

M&Aの最終契約書とは、一般的にDD後に最終交渉を経て締結される、売り手・買い手双方の権利義務を記した法的拘束力を有する合意文書を指します。最終契約書の内容は、M&Aの取引形態によって異なります。たとえば会社法上の組織再編行為（合併、株式交換、株式移転、会社分割など）を用いたM&Aの場合には、会社法に定められた法定記載事項を含む契約内容とする必要があります。一方で、株式ないしは事業を譲渡するM&A取引では、このような会社法に定められた法定記載事項を含む契約書を作成する必要はなく、契約内容は当事者間で比較的自由に作成することができます。

M&A取引にはさまざまな形態が存在しますが、ここでは比較的多く用いられ、かつ取引形態としてシンプルな株式譲渡を例に、最終契約における一般的な記載事項について解説することとします。なお説明の簡略化のために、以下では対象企業は非上場企業（株式会社）であること、また取引対象の株式は対象企業の支配持分であることを前提とします。

図表3-17　株式譲渡契約書の一般的な記載事項（例）

① 取引の基本条件（目的物の特定、価格等）
② 取引の実行（クロージング）
③ 表明保証
④ 取引実行条件
⑤ 補償
⑥ 誓約
⑦ 解約・終了

(1) 株式譲渡契約の主要記載事項

図表3－17は、株式譲渡契約書において一般的に網羅される主な記載事項の例示です。

①取引の基本条件（目的物の特定、価格等）

株式譲渡取引は売買取引ですので、まず、譲渡対象となる株式の種類や株数を記載する必要があります。対象株式の譲渡価格も、当然ながら重要な記載事項です。この他にも、クロージングの日時（取引の実行日）など、当事者間で合意された基本的な取引内容ならびに条件が記載されます。

価格については、クロージング日以降に価格調整を行うことについて合意する場合があります。また、譲渡代金の支払い方法（(例)アーン・アウト＝Earn Out：譲渡価格の一部後払いなど）についても特別な合意が為されることがあります。こうした場合には、価格調整、譲渡代金の支払い方法等について最終契約書の

中で別途記載しておく必要があります。

②取引の実行

次に、取引の実行（クロージング）手続きについてもその日時・場所など合意された内容を記載します。株式譲渡取引の場合、買い手による譲渡代金の支払いと売り手による買い手への株式の交付（株券を発行しない対象企業の場合、売り手による株主名簿書換請求書の交付）は同時に行うことを定めるのが一般的です。

クロージング日の数日前に取引関係者が集まってクロージングの前提条件の充足状況や必要書類などを確認することがあり、これを一般的にプレ・クロージングと呼んでいます。特に、クロージングの前提条件や必要書類が多い場合には、クロージング日の混乱を避けるためにもプレ・クロージングを行うことが望ましく、最終契約書にもその実行に関する記載を含めることが推奨されます。

③表明保証

表明保証とは、契約当事者が、一定時点における一定の事実・権利義務関係の存在または

不存在について表明し、その内容が真実であることを保証するものです。M&A取引について契約する際には、各契約当事者は、相手方および対象企業が一定の状態にあることを前提として契約内容に合意します。これは、取引に関係し得るすべての事項について、その状態を確認することは現実的に不可能であり、かつそれを求めることは費用対効果の観点からも合理的ではないからです。

しかしながら、もしも契約時に想定した前提条件がクロージング（取引実行）時点で想定と異なり、前提が崩れていたとしたら、それぞれの契約当事者に偏った利益または不利益が生じてしまいます。よって、契約当事者としては、自らが不利益を被るかもしれないリスクに対して何等かの契約上の手当てが必要となってくるわけです。そこで契約当事者は、相手方の表明保証が真実でなかった場合に、主として、①取引を中止する、または、②金銭的な補償等を受けることができる、ようにしておくことが一般的となっています。契約上、こうした前提を設定するための役割を持った条項が表明保証なのです。

表明保証事項にはさまざまなものがありますが、これらを大別すると以下の3つに分類することができます。

(A)契約当事者（売り手・買い手）の属性に関する表明保証

図表3-18　表明保証事項の例

分類	表明保証の例
契約当事者（売り手・買い手）の属性に関する表明保証	●設立、存在の適法性、有効性 ●契約締結および履行に関する権限 ●倒産事由の不存在 ●法令、判決、契約等の遵守／違反状況 ●株式の保有
売買取引の目的物である対象企業の株式に関する表明保証	●発行済株式の総数 ●株式発行の適法性 ●担保権の設定 ●新株予約権等の潜在株式
対象企業や、対象企業の事業や資産、財務状況に関する表明保証	●設立、存続の有効性 ●倒産事由の不存在 ●許認可、コンプライアンス、紛争 ●保有資産の権利関係 ●会計・税務関係　●人事関係 ●契約関係　●その他

(B)売買取引の目的物である対象企業の株式に関する表明保証
(C)対象企業の事業や資産、財務状況に関する表明保証

(A)については、一般的に売り手と買い手の双方が一定の表明保証を行います。これに対して、(B)と(C)の項目については、売買の目的物である対象企業株式や対象企業の内容に関するものであるため、売り手が表明保証するものが主となります。図表3－18は、各分類に含まれる主な表明保証事項の例です。

表明保証の時点は、契約当事者の合意によって任意に決定することができます。実務的には、①契約締結日時点を基

図表3-19　表明保証の限定方法（例）

限定方法の考え方	記載（例）
●リスト列挙（Disclosure Schedule）による除外	「DDにて開示した一切の情報」など
●重要性による限定	「重要な……は存在しない」、「……を、重要な点において正確かつ適切に表示している」など
●当事者の認識の範囲・程度による限定	「知る限り」、「知り得る限り」など

準日とする表明保証と、②クロージング日時点を基準日にする表明保証の両方を、契約時に行うことが一般的です。②は、未来における表明保証を契約日現在で行う行為ですので、違和感を感じる部分もあるかもしれませんが、趣旨としては①の表明保証の内容がクロージング日においても真実として継続していることを相手方に確約してもらうという意味があります。

さて、何から何まで表明保証の対象としてしまうと、売り手の負担が過度に大きくなってしまいます。そこで売り手は、範囲や程度を限定して表明保証を行うことが一般的な対応となっています。限定の方法としては、図表3－19のようなものが一般的です。

契約当事者のいずれかが表明保証条項に違反した場合、表明保証違反に起因して発生した損害の補償を相手方に求めることができるよう補償請求権に関する記載を契約書に設ける

ことが一般的です。また、その他の救済手段として、後述する取引実行条件や誓約がありま
す。取引実行条件は、表明保証違反がクロージング前の段階で発見された場合に、取引の実
行を回避できる権利を相手方に対して認めるものです。

④取引実行条件

M&A契約においては、多くの場合、一定の取引実行条件が充足された場合にのみ取引が行われる、という条項が含まれます。たとえば、対象企業の事業に不可欠な許認可の取得や維持、対象企業が有する重要契約の継続など、対象企業の買収において極めて重要な要素が買い手側に移管されないことが明らかになった場合、買い手はクロージングを回避できるようにすることが、こうした条項を加える目的です。

契約当事者は、合意により取引実行条件を自由に設定することができます。一般的に設定対象となる事項は図表3－20の通りです。

⑤補償

補償とは、ある契約当事者が契約上の違反（表明保証違反あるいは義務違反）を犯した場

図表 3-20　取引実行条件の例

①　表明保証の正確性
②　義務の遵守
③　許認可の取得
④　競争法上の対応
⑤　株式譲渡の承認（譲渡制限会社の場合）
⑥　重大な悪影響を及ぼす変化
⑦　各種書類の提出
⑧　各種付随契約の締結
⑨　チェンジ・オブ・コントロール（企業の所有者が変わった場合に取り消される等の影響が出る許認可や契約）への対応
⑩　DDで検出された問題点への対応
⑪　買収資金の調達

合、相手方が自らの被った損害を塡補するよう求めることができるよう定めることを指します。一般に、債務不履行に基づく損害賠償請求については、債務不履行と損害との間に相当の因果関係が必要と解されています。この因果関係については、株式譲渡契約上の補償請求においても同様で、違反事由と損害との間に一定の関係性が認められなければなりません。

また、表明保証または義務の違反により生じた損害額を立証することも、補償請求を行う際に必要な要素です。しかしながら、株式譲渡契約においては、毀損した企業価値が立証対象となることが多いため、損害額の立証には困難が伴います。そこで、たとえば、対象企業の純資産額が減少した場合には、買い手がその減少額と同額の損害を被ったもの

とみなす、といった概念のもとで損害額を算定するなど、損害額の立証に伴う負担を軽減する工夫がなされる場合があります。

株式譲渡取引を実行した後、長期にわたって金額的制限のない補償請求を受ける可能性が残るとすると、当事者（特に売り手）は不安定な状況におかれることになります。そうした状況を避けるため、補償については時間的・金額的制限を設けるのが一般的です。時間的制限については、補償対象期間として1年～数年（4－5年程度）の期間が定められることが多くあります。

また、金額的制限については、補償額の上限（cap）と下限（floor）を設定する場合があります。上限の例としては、具体的な金額（XX億円）や譲渡価額の一定割合（XX％）として定めることが一般的です。下限は、請求の事務負担を軽減するために設けられますので、形態はさまざまですが、1つ1つの請求に関する損害額や、損害の累積額について一定の下限を適用し、その金額を上回るもののみを補償対象とする運用が多く見られます。

⑥誓約

誓約とは、英米法の契約に含まれるコベナンツ（Covenants）に起因する概念であり、対

図表3-21　誓約の例

	分類	例
クロージング前	取引を実行するために必要な手続きの履行	●対象企業が譲渡制限会社である場合に、株式譲渡の承認 ●チェンジ・オブ・コントロール条項に係る事前承認の取得 ●許認可の取得や届出 ●対象企業の役員の交代 ●取引実行条件の充足努力
	取引の実行前に改善すべき問題点への対応	●DDで発見された問題点の改善
	契約締結後・取引実行前の過渡的な状況への対応	●他方当事者の利益を害するような行為・事項の禁止 ●対象企業が有する情報へのアクセス ●表明保証違反の通知
クロージング後	取引実行後に取引の意味を補強するための義務	●協業避止、勧誘禁止など

象企業の運営等について一方の当事者（主として買い手）が相手方（主として売り手）から一定の約束を得ることを指します。その内容は、図表3－21の通り、クロージング前とクロージング後の期間に関する約束に大別され、クロージング前の約束についてはさらに3つに分類することができます。

⑦解約・終了

M&A取引に関する契約では、契約締結日からクロージング（取引実行）までの間に数カ月間の期間が設けられることが多くありま

図表3-22　一般的な解約・終了事由

- 相手方に重大な表明保証違反または義務違反が生じた場合
- 取引実行の前提条件が、取引の実行期限を過ぎても充足されない場合
- 取引実行の前提条件が、当事者の責によらず、充足不可能になった場合
- 当事者が倒産した場合
- MAC（Material Adverse Change*）が発生した場合
- 両当事者による終了の合意がある場合

*Material Adverse Change とは、大規模な天災のように、取引を実行することの重大な障害になり得る事象で、買い手が契約時には予測できず、かついったん発生するとその悪影響が一定期間継続するような事象を指す

す。理由はさまざまですが、クロージングに向けた手続き（準備）、一定の義務の履行、許認可の取得などに要する時間の確保が主な背景です。この間、想定に反する事情や状況が発生した場合、契約を解約または終了して取引を白紙に戻すための手当てがこの条項を設ける意義です。

こういった条項を設ける場合、解約できる期間の設定はクロージング日までとするケースがほとんどです。M&Aは、会社や事業といった組織が取引対象ですので、クロージング日以降に契約を解除して完全に元の状態に戻すのはほぼ不可能です。一般的な解約・終了事由には、図表3－22のようなものがあります。

解約・終了条項において、ブレークアップフィー（Break-up fee）に関する取り決めをする場合があります。ただし売り手の立場からは、この条項が買い手によ

る解約を抑制する効果があるのか、または逆にブレークアップフィーさえ払えば契約を解約できる、という印象をあたえ、契約解約を誘発するような効果を招いてしまうのではないかという点について、慎重に検討する必要があります。

8　クロージングとPMI

(1) クロージング後の対応

近年、M&A実行から相当な時間が経過した後に、対象企業に重大な不正や損失、偶発債務などが発見され、買い手の経営を揺るがすような事態が多発しました。こうしたことは、M&Aの本質的なリスクと無関係ではありません。特に売り手と買い手の間に存在する情報格差は大きなリスクです。

売り手・買い手間の牽制関係もあり、エグゼキューション段階でこのギャップを埋めることとは決して容易ではありませんが、いったんクロージングを迎えてしまえば、買い手の情報に対するアクセス範囲も格段に広がります。本来であれば、クロージング前に一定の検証ができ、価格や表明保証等による手当てを行うことが望ましいわけですが、そのようにできない場合であっても、対象企業の経営の健全性を確認するためにクロージング後のDDを実施

し、問題点の早期把握に努めることが重要です。

(2) PMI

クロージングを迎えると、それ以降は対象企業・事業は買い手に帰属することになり、PMIのフェーズに入ります。図表3－23は一般的なPMIの流れを示しています。PMIの中でもっとも重要な時期はクロージング後3カ月から6カ月で、よくDay100、Day180などと称されますが、その準備はクロージング前どころか契約前のDDの段階から始まっています。

そもそもM&Aの目的は何なのか、その目的の達成のためにはM&A後どのような形で両者（買い手とM&A対象企業・事業）のビジネスを運営していったらよいのか、というところが出発点です。これにより、M&Aのストラクチャーの選択肢がある程度決まります。そして当然のことながら、Day1にどのような組織形態が想定されるかにより、PMIのやり方も違ってきますので、ストラクチャーはPMIのプランニング、そしてそのためのDDの範囲や手続きにも影響を与えます。

もっともハードルが高いのは、同業他社同士の合併のケースです。買い手の子会社として

図表3-23　一般的なPMIプロセス

PMI≠ディール実行後の着手

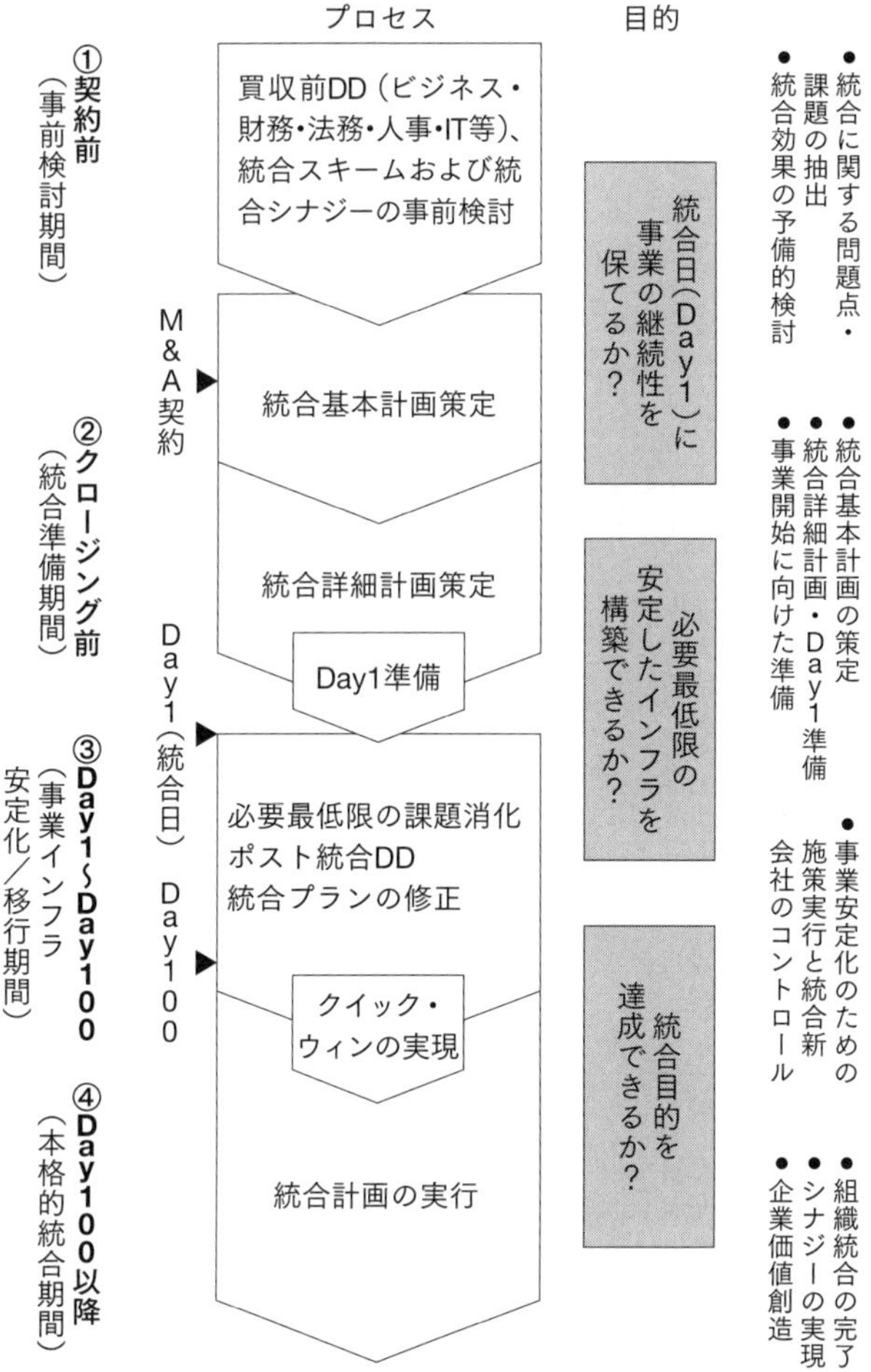
プロセス
目的
①契約前
（事前検討期間）
買収前DD（ビジネス・財務・法務・人事・IT等）、統合スキームおよび統合シナジーの事前検討
統合日（Day1）に事業の継続性を保てるか？
●統合に関する問題点・課題の抽出
●統合効果の予備的検討
M&A契約
②クロージング前
（統合準備期間）
統合基本計画策定
統合詳細計画策定
Day1準備
必要最低限のインフラを安定したインフラを構築できるか？
●統合基本計画の策定
●統合詳細計画・Day1準備
●事業開始に向けた準備
Day1（統合日）
③Day1～Day100
（事業インフラ安定化／移行期間）
必要最低限の課題消化
ポスト統合DD
統合プランの修正
Day100
クイック・ウィンの実現
●事業安定化のための施策実行と統合新会社のコントロール
④Day100以降
（本格的統合期間）
統合計画の実行
統合目的を達成できるか？
●組織統合の完了
●シナジーの実現
●企業価値創造

買収するケースや、持株会社の下に買い手と対象企業・事業がぶら下がる場合に比べると、直接的な合併、特にビジネスやそのプロセスに重複のある同業他社同士の合併は、より周到な準備をした上でPMIに臨む必要があります。

もちろん、前述の通り、DDの結果を受けてストラクチャーが変更になることもありますが、まずはM&Aの目的、そしてそれを達成するためのストラクチャーを念頭に置き、DDにおいてPMI計画を策定するためのネタを拾っていきます。PMIの成否は契約前に決まっているといわれるほど、事前の準備が重要であることをここで強調しておきたいと思います。

さて、M&Aの目的にはいろいろありますが、多くは買い手の事業とM&A対象企業・事業の統合によりシナジーを出すことにあることは、これまでも繰り返し説明してきました。こうした統合によるシナジー発現のためのPMIの道標になるのが、統合基本計画です。統合基本計画には、当該M&Aの目的と将来像、統合に関する基本理念と基本方針（組織、プロセス、人事等）、統合の目的と成果（定量的目標を含む）、統合スキームと統合の範囲、統合スケジュール、統合推進組織とマネジメント体制、統合プロジェクトチームの組成など、統合に関する基本構想が盛り込まれます。そして、これをベースにより詳細で実務的な統合

詳細計画が策定されます。

統合詳細計画は、Ｄａｙ１００、Ｄａｙ１８０プランといった形でクロージング後6カ月程度の間に行うべき実務的な課題に対処するものとして策定されるのが通常です。もちろん、Ｍ&Ａの目的が１８０日で完全に達成されることはありません。少なくとも2－3年程度の期間をかけてその達成に向けた努力をしていくことになります。したがって、統合基本計画に基づくＤａｙ１００、Ｄａｙ１８０プランは、最終的には中期経営計画に昇華していくことになります。

①Ｄａｙ１マネジメント

クロージング後のＤａｙ１の混乱による事業価値の低下を避け、事業の継続性・安定性を担保するためのタスクを洗いだし、行うべきアクションや予想外の突発的事象が発生した場合の対処等を関係者間で共有します。Ｄａｙ１マネジメントの内容は案件により、またストラクチャーによりさまざまですが、大きく3つに分けられます。①コミュニケーション、②業務プロセス上の対応、③トラブルシューティング体制、です。

まず対外的・対内的コミュニケーションが事業の混乱を未然に防ぐためにもっとも重要で

すから、Day1からしばらくの期間における対外的・対内的なコミュニケーション戦略を立案します。M&Aは対象企業ないし事業のオーナー（所有者）の変更です。これは、取引先（顧客、仕入先、外注先など）や従業員をはじめとする重要な利害関係者にさまざまな不安や混乱をもたらします。「従前と同じような条件での取引が継続できるのだろうか」、「同じような条件での雇用が維持されるのだろうか」、「上司や部下は変わるのだろうか」といった不安が渦巻くのが通常です。こうした不安を放っておくと、取引先が離れたり、キーマンがやめてしまったりすることにより、従前の事業価値を維持することができなくなります。

前に説明した通り、M&Aは事業統合によるシナジーをある程度出して初めて「トントン」になるわけですから、対象企業・事業の単独価値が目減りしてしまったら厳しい展開になることは自明です。そこで、買い手の社長をはじめとして各レイヤー、各機能の管理者が対外的・対内的なコミュニケーションを密に図る必要があり、Day1ではそのためのコミュニケーション戦略が極めて重要になります。

また、対象企業ないし事業が買い手傘下に入ることにより、業務プロセスが変わってしまう可能性があります。その中にはDay1における対応が必要な項目もあります。特に上場会社である買い手の傘下に対象企業・事業が入る場合、財務会計に関する項目について

Ｄａｙ１でしっかり対応できるように入念な準備が必要です。上場企業では、四半期での業績の開示がありますので、月次決算、四半期開示に係る連結作業等についてはあらかじめそのフローやスケジュールを確認し、Ｄａｙ１での混乱を回避します。

一方、たとえば対象企業・事業があるグループ会社に帰属しており、経理・財務・総務・システムなどのバックオフィス機能を親会社のシェアードサービスに依存している場合などでは、ＴＳＡ（Transition Service Agreement）などで一定期間、当該シェアードサービスが利用できる建付けにしておきますが、何らかの事情により、その交渉に失敗したり、利用可能期間がかなり短期間である場合には、買い手から人材を送って業務の引継ぎをする、新たな人材を雇う、買い手のシェアードサービスに移行するなど、業務プロセス上の対応が必要となりますので、Ｄａｙ１までにその対処方法を検討しておきます。その他、ガバナンス、組織、人事、経理・財務、ＩＴ関連等でＤａｙ１における対処の優先度が高いものを中心に、その対策をたてます。

さらには、当初予想していなかった突発事項が発生し、対象企業や事業に混乱をきたす恐れがあるときに、どのようなプロセスでそうしたトラブルに対処するのかも定めておきます。

②Ｄａｙ１００、Ｄａｙ１８０プラン

Ｄａｙ１マネジメントの検討と同時並行で、クロージング後3カ月から6カ月間程度の間に行われるべき統合に向けた実務的な詳細計画（Ｄａｙ１００プラン、Ｄａｙ１８０プラン）を策定します。これは前述の通り、統合基本計画をベースに実務的な課題に対処するためのものです。Ｍ＆Ａの契約やクロージングは案件によりさまざまで、契約とクロージングが同時またその両者間隔が短期間であることもありますが、多くは契約日とクロージング日までの間に相応の期間があります。この期間は実はとても重要で、特にＰＭＩの準備のために有効活用すべきです。

国によっては独占禁止法上のガンジャンピング規制（注：ガンジャンピングとは元々はいわゆるフライングの意で、Ｍ＆Ａの世界では企業結合期日前の共同行為のことを意味し、国によっては独占禁止法の観点からの制限がある）について留意が必要なケースもありますが、契約日以降クロージングまでの間にＰＭＩのための追加的な情報収集と、それに基づくＤａｙ１マネジメントプラン、Ｄａｙ１００ないしＤａｙ１８０プランの策定を急ピッチで進めていきます。

Ｄａｙ１００ないしＤａｙ１８０プランの内容は多岐にわたりますが、重要な領域についてその内容を説明していきます。

(A)ＰＭＯと統合推進組織

まずはＰＭＩを進めて行く上で、そのプロジェクトを推進し、進捗管理を行い、時には利害調整を行い、統合のアクションプランをまとめあげる機能が重要になります。こうした機能をＰＭＯ（Project Management Office）と呼びます。ＰＭＯは、統合に関する意思決定ないし最終意思決定機関への上申を行うステアリングコミッティー（ＳＣ）をサポートする機能で、調達、生産、物流、営業、経理・財務、人事、総務、法務、ＩＴなど、各統合分科会の活動を促進し、統制します（図表３－24）。

ＰＭＯはまず、統合基本計画に基づいてＤａｙ１００ないしＤａｙ１８０プロジェクトの全体像を把握し、各分野におけるタスクを棚卸します。そして、それに基づきどのように統合分科会を設定し、各タスクをその分科会に割り振るかを決めます。そして、各分科会の責任者やチームメンバーを選定する支援を行い、おおまかなスケジュール（マスタースケジュール）を作成します。いったん、統合分科会が立ち上がった後は、統合分科会の運営やファシリテーションをサポートし、その進捗を管理し、各分科会間で検討過程での議論や結果を

機関の役割

機関	役割	参加者	頻度
ステアリングコミッティ	●経営レベルにて検討すべき事項の議論、決議 ●プロジェクト全体の課題についての討議 ●成長シナリオ＆統合基本計画の策定	SC メンバー	月次
統合事務局（PMO）	【SC関連】 ●プロジェクト全体の進捗管理 ●上程資料の作成 ●分科会横断タスクの明確化・進捗管理 【分科会関連】 ●機能別統合基本計画、マスタースケジュール作成 ●アジェンダおよび論点整理の作成 ●分科会の運営・ファシリテーション ●SCの決定・示達事項の連絡	PMO メンバー	週 1-2回
全体会議	●IMOと分科会の情報共有 ●関連分科会とのコミュニケーション ●SC決議・討議結果のフィードバック	PMO 分科会 リーダー	月1回
分科会	【責任者】 ●タスクの進捗管理 ●分科会の決定事項か、SCの決定事項かの判断 ●SCへの上程 【メンバー】 ●タスクの起案・検討・遂行 ●タスクのスケジュール管理とWG管理	分科会 メンバー	週 1-2回
WG	●タスクの起案・実行 ●タスク実行部門・部署への実行支援	適宜 人選	随時

図表 3-24　PMO の例

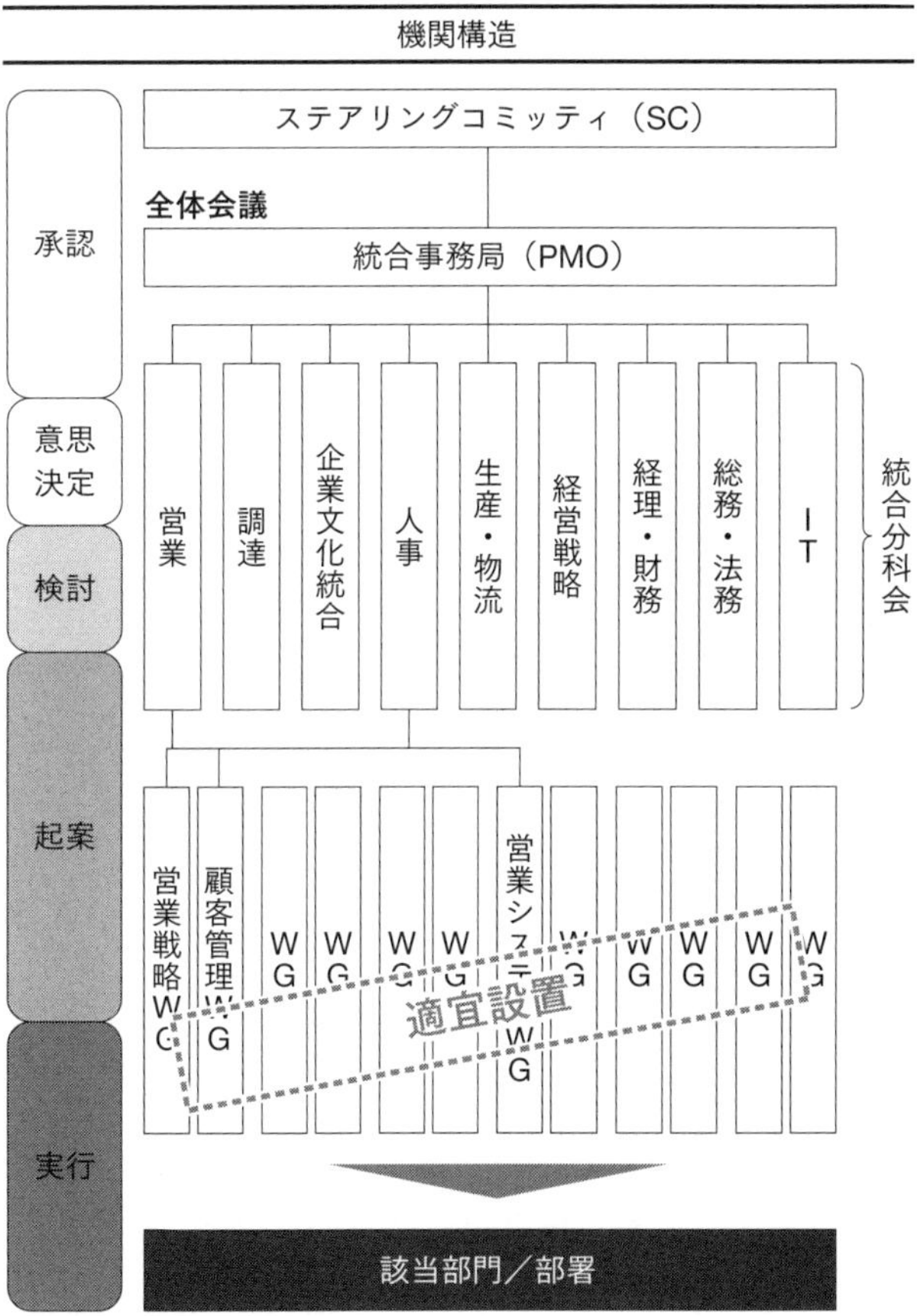
機関構造
承認
意思決定
検討
起案
実行
ステアリングコミッティ（SC）
全体会議
統合事務局（PMO）
営業
調達
企業文化統合
人事
生産・物流
経営戦略
経理・財務
総務・法務
IT
統合分科会
営業戦略WG
顧客管理WG
WG
営業システムWG
適宜設置
該当部門／部署

共有するためのコミュニケーションをサポートします。そして、各統合分科会での議論の結果をまとめてSCに上申します。

PMOとして重要なことは、透明性、バイアスの排除、統合基本計画に立ち戻った利害調整です。統合分科会では、時として激しい利害の対立が生ずることがあります。統合分科会で目にするのは、比較的多くの人が「いまの方法がベストで変えたくない」、「相手がこちらの方法に合わせるべきだ」などと現状を肯定し、変化に反対し、現在の自らの方法に固執する姿です。こうした場合に、PMOのメンバーは、統合基本計画に照らしてバイアスを排除し、透明性を持った利害調整を行い、議論の方向性を「あるべき」将来像に近づけていきます。

(B)組織とガバナンス

対象企業・事業をどのようなガバナンスの下で運営するか、また買い手の事業との統合に向けて、対象企業・事業をどのような組織体制で運営していくか、は非常に重要な決定事項です。そして、これがすべての領域に影響を与えていきますので、もっとも優先度の高い決定事項にもなります。その観点からいえば、Day1までに決定されるべき事項ともいえますし、多くの場合にはそうなっているのですが、便宜上、ここで説明します。

組織構造の全体像は、Ｍ＆Ａの形態により決まってしまいますが、むしろ逆に、契約の前段階でＰＭＩや統合効果も見据えてＭ＆Ａの形態を選択すると解釈すべきです。また、一義的には決まってしまいますが、事後的な組織再編によってそれを変更することも可能です。たとえば、同業他社との合併というストラクチャーをとる場合には、コーポレートや現場も含めて多くの機能が直接的に統合されることになります。

したがって、組織構造やガバナンスについても全体像としては「１つの合併新会社」ということになり、それに向けたＰＭＩの各論ということになります。ある意味、組織構造やガバナンスという観点からはもっともわかりやすい形になります。

一方で、共同で持ち株会社をつくり、そこに並列にぶら下がる場合や、株式買収で買い手の子会社となる場合などは、どの程度事業や機能を統合するか、あるいはどのようなガバナンスを敷くかという問題が生じます。そして、これらの場合には、その方針がきちんと定まらないと、分科会は混乱します。したがって、このあたりの基本方針は、統合基本方針に明記される必要があります。

「ハンズオン」、「ハンズオフ」という言葉があります。一般には、「ハンズオン」は買収した会社の経営を買い手が自ら主導することである一方、「ハンズオフ」は買収した会社の経

営をかなりの程度対象企業の経営者に任せることをいいます。実際の買収後ガバナンスは、この両極端の間のどこかにセットされます。

後の章で詳しく説明しますが、日本企業が欧米などの先進国企業を買収する場合、重要な投資、お金（財務）、経営陣の報酬や処遇などの項目は買い手である日本企業の専担事項とし、CFOを日本から派遣する一方、事業に関してはかなりの程度、現地のCEOやCOO以下に任せる形のガバナンスを敷いているケースが多いと思います。その上で、調達や営業など一定の機能について買い手との間でのシナジー発現に向けた機能統合の検討をします。こうしたケースでは先の合併のケースと比べ、PMIの検討領域は狭まります。

このように、PMIのやり方やスコープは、組織構造やガバナンスにより影響を受けることを頭に入れておいてください。より具体的な組織・ガバナンスに関する検討事項については図表3－25をご参照ください。

(C)TOM（Target Operation Model: 買収後のオペレーションモデル）の設定

買い手も対象企業・事業もそれぞれユニークなオペレーションモデルで事業を運営しています。同業他社の中で外見的には類似点が多い2社であったとしてもオペレーションモデルを細かい点まで棚卸してみると、多くの重要な相違点があるのが通常です。お互いのオペレ

図表 3-25　組織・ガバナンス再構築

新組織体制の検討
組織構成の見直し ●部門構成の見直し、改編　●管理職階層の人員体制見直し ●部門の役割・責任の再定義 ●不足機能部門の設置、不足人員リソースの新規採用 **重複リソースの排除** ●管理部門の集約化 ●親会社リソースで対応可能な業務担当の人員整理
子会社ガバナンス体制の構築
子会社ガバナンス体制の構築 ●取締役会構成の見直し ●マネジメント階層／重要ポジションへの出向者の派遣 ●人事権限の集約　●レポーティングライン体系の構築
職務権限体系の再定義
権限体系、職務分掌の再定義 ●現行職務権限規程（決裁権限体系）の把握 ●業務プロセス上の職務分掌の把握 ●職務権限体系、職務分掌のギャップ把握 ●ポジション別の職務権限、業務上の職務分掌の見直し **権限規程の整備** ●上記検討を受けて既存の権限規程、業務マニュアルの改訂

親会社が確保すべき承認権限の例	
会社の基本的意思決定事項 M&A、合併・分割 子会社設立 組織変更 重要な事業譲渡・譲受 定款変更 重要な資金調達	**重要な人事とマネジメント報酬** **短期・中期・長期経営計画** **経営基本規程の改廃** **社内組織の重要な変更** **従業員の給与体系の変更**

ーションモデルを棚卸し、そのSWOT（強み、弱み、機会、脅威）を分析します。その上で、想定されているシナジーの発現を目指して、どのような業務プロセスを構築すべきかを考えます。これをTOMと称しています。

TOMは、顧客、商品、調達先、生産拠点、物流網、販売チャネル、ITと業務プロセス、人員などからなるオペレーションモデルの再定義プロセスです。TOMを明確にしなければ現場の混乱は必至です。TOMの明確化は、現場での意見の積み上げではなかなかうまくいきません。対象企業の商品を買い手の販売チャネルで売ること（クロスセリング）によるシナジーを想定している場合に、販売に係るITシステムを統合するのか、どのように物流を行うか、販売価格に関する決裁権限をどうするのか、当該商品に知識がある販売員をどのように配置するのか、顧客の管理はだれが担当するのか、等の業務プロセスの大枠を決めないと現場が混乱するであろうことは容易に想像できます。こうした混乱を避けるためにTOMを早めに検討し、決定することが重要になります。

(D)人事

ガバナンスや組織、TOMが決まると、そこに人的資源をどのように配分するかというもっとも重要かつセンシティブな課題に取り組むことになります。すなわち、人事に係る諸課

題です。

人事問題がセンシティブなのは、それがヒトのモチベーションやそれに起因する行動に大きな影響を与えるからです。人事問題のコアは処遇（役職や責任・権限）と報酬（給与、退職給与、福利厚生などを含む）です。同業他社同士の合併案件では、よく「たすき掛け人事」が行われます。同業他社なので同じような機能があり、それを統合するわけですが、その際のヒトの配置につき、それぞれの陣営から交互にヒトの配置を行うのが「たすき掛け人事」です。どちらかが強い不満をもたないようにこのような人事が行われます。

ただ、この方法をとると、事あるごとに各部門、各機能の中で両陣営がにらみあい、その利害調整に時間がかかるため、意思決定やアクションが遅れ、スムーズな統合の実現やシナジーの発現を阻害することがあります。

やはり本来あるべきは、新たな組織、ＴＯＭをベースに経営陣も含め、各部門、各機能のマネジメントをもっとも効果的に行うことができる人材を透明感をもって選択し、責任者に据え、当該責任者がその職責を最大限に果たすために必要な人材を透明感をもって選択し、チームをつくっていくことだと思います。そして、評価制度や報酬制度についても両陣営の既存の制度の統合という形ではなく、新たな制度をつくるといった観点から取り組むことが

最終的には両陣営の最大多数の支持につながる、裏を返せば買収を機に組織を去る人の数を最小限にとどめることにつながると思います。

買い手が対象企業の株式の譲渡を受け、子会社として運営する場合も、合併案件ほどドラスティックではありませんが、人事関連の問題は大きなPMIの課題になります。この場合、合併とは違い、親子会社関係となりますので、ある意味「壁のある」運営形態となります。したがって、経営陣の人事はともかくとして、それ以外の人事については当座、従前の制度や慣習を踏襲することも可能です。しかしながら、最終的にはグループ全体としてある程度評価制度や報酬制度を統一して、一体感を醸成することがグループ経営的には重要になりますから、それをどのタイミングで行うのか、の判断となります。

そのタイミングがいつであるにせよ、グループ経営や戦略に関する目線合わせ、KPIの再設定、KPIに連動した評価・報酬、親子間の人材交流などについてはDay100ないしDay180プランの中に入れ込み、十分なコミュニケーションを図る必要があります(戦略やKPIについては次に説明しますので、そちらをご参照ください)。人事・コミュニケーションに関する主な検討事項については図表3－26をご参照ください。

図表3-26　人事・コミュニケーション

人事制度（等級・評価・報酬制度）の統合
等級・評価・報酬制度の統合 ●社内等級体系や等級定義の統一 ●評価項目や評価制度運用ルール等の統一 ●報酬水準・報酬構成（基本給・賞与等の項目と配分割合）の検討 ●報酬レンジ・昇降給ルール・賞与等の設定 **新制度への移行** ●組合との交渉、規程の改定と労働基準監督署への届け出 福利厚生制度の統合および移行措置の実施
退職給付制度の統合
新制度詳細設計 ●年金法令に即した企業年金制度設計 ●コスト（退職給付会計やキャッシュ負担等）シミュレーション ●既存従業員への経過措置の検討と実施 **新制度移行** ●企業年金受託機関や年金基金事務局との交渉
コミュニケーションプランニング
コミュニケーションプラン策定と実施 ●対象別コミュニケーションプラン（伝達内容、伝達時期、等）の検討 **新制度説明会の実施** ●福利厚生制度、退職給付制度、評価制度等の変更についての説明
早期退職・人員整理施策の実施
現行早期退職制度と追加実施内容の整合 ●現行策と追加策のスケジュール感の整合性 ●退職優遇策の整合性確認（割増退職金、アウトプレースメント施策、有給休暇買取制度、等） **キー従業員のリテンション（離職防止）** ●業務上のキーとなる従業員の把握 ●店舗撤退・リストラ策実施による従業員離職の影響を考慮
人材・カルチャーの融合
企業文化の差異の把握 **経営者からのメッセージ** **企業文化・人材融合化プログラムの遂行（職位別／業務別）**

(E)事業戦略・シナジー

Day100ないしDay180プランにおいては、当該M&Aによるシナジーの発現を企図した戦略を入れ込み、事業戦略を見直します。そして、これは最終的に中期経営計画にフィードインされます。

ディールの検討段階で見積もったシナジーについて、その実現可能性や実現の時期、実現のための条件やコストをもう一度見直します。契約後やクロージング後はディール検討段階においてアクセスできなかった情報にもアクセスが可能になります。そうした情報の精査を今一度行い、ディール検討段階で行われたシナジーシミュレーションの再検討や精緻化を行います。その上で、そうした情報を事業計画に反映します。さらには、シナジーを発現させるためのアクションプランを策定します。アクションプランの策定にあたっては、各統合分科会での検討をベースにします。

事業計画の策定にあたってはKPIの再定義も必要になります。シナジーに係るKPIも含め、新たな事業計画のベースとなるKPI体系を整備し、それをベースとして事業計画を組み上げます。そして、これらKPIは、各レイヤー、各部門・機能ごとに管理KPIとして割り振られ、それが各組織・各人の目標となり、その達成度に応じて評価が行われ、報酬

が決まるように関連付けられます。

(F)管理会計・業績管理

前述のKPIとの関連で、業績や予算などをどのように管理し、PDCAサイクルを導入するかを決めます。中期経営計画を達成するためのツールが予算です。かつて日本企業の多くが用いていたのが年度予算でしたが、環境の変化が激しい昨今では年初にたてた予算の実効性が期中における経営環境変化により著しく損なわれる場合もあります。こうしたケースでは、予算の弊害も指摘され、従前の固定的な予算からより変動的で柔軟な予算制度へと進化を遂げています。四半期ごとのローリング予算などがその代表例です。

いずれにせよ、計画（Plan）したことがそのまま実現することはまずありませんから、定期的にアクション（Do）の結果を確認（Check）し、乖離が発生している場合には、改善のための打ち手を検討し、実行（Action）することが必要になります。こうしたPDCAを回すためにも、管理会計や業績管理のシステムおよびルーチンの整備は欠かせません。対象企業・事業の従来の管理会計や業績管理の手法は、買い手のそれらとはかなり異なっているのが通常です。また、KPIそのものも適正に設定され、管理されているとは限りません。そこで、M＆A後の新たな戦略・事業計画を達成するために「あるべき」管理会計や業績管理

は何か、そこで管理されるべきＫＰＩは何かを再構築・再定義する必要がでてくるわけです。これに関する詳細計画をＤａｙ１００ないしＤａｙ１８０プランに組み込みます。

(G)財務・会計

財務や会計に関する項目もＤａｙ１００／１８０プランの重要項目です。Ｍ＆Ａにより新たなグループの企業になったり、新たな企業になったりしますので、そこでの財務や会計をどう（統合）すべきかは当然論点になります（図表３－27）。

まず、Ｍ＆Ａの買い手と対象企業・事業、または合併企業当事者間での財務や会計に関する現行体制における差異を把握します。これは通常ＤＤ段階で行われますが、その再確認や精緻化を行います。会計方針や基準の差異の把握と統一する必要性の有無、決算期の差異と統一、資金調達・運用、決済のプロセスやフロー、決算・経理プロセスとそれに係る情報システム、管理会計システムと経理システムの連携、決算スケジュールなどがその対象となります。その上でどのような財務・会計のプロセス／フローが望ましいかを検討します。

資金管理についてはどのようなストラクチャーをとるにせよ、最終的には統合して運営することが効率的ですし、財務シナジーを発現させることにもつながりますが、「至急」という問題ではないかもしれません。逆に、決算関連については「至急」対応すべき問題である

図表 3-27　財務・会計

正確な数値の把握をタイムリーにかつ効率的に実施するための体制をつくる。

対象企業決算体制の把握
会計基準、会計方針の差異把握と統一の必要性検討 **決算期の統一** **経理プロセスの把握** **情報システム利用状況の把握と、効率的利用可能性の検討**
決算スケジュールの構築
決算財務報告プロセスの実態確認 **決算スケジュール統一施策の実行** ●現決算作業分析（スピード、勘定科目、セグメントなど） ●阻害要因の分類と新業務要件の定義 ●課題改善施策の立案 **決算早期化施策の実行** ●早期化施策導入の指導 ●経理スキルトレーニング ●会計システム導入、改修
親会社向けレポーティング・プロセスの構築
連結プロセスへの対応方針検討 ●最初の四半期・初年度の対応方法の検討 ●次年度以降の連結決算プロセス検討 **連結パッケージ作成トライアル、および期末対応** **連結システム導入、改修**
資金繰り管理プロセスの構築
資金繰りプロセスの実態確認 **資金繰り管理施策の検討** ●資金決済 ●資金調達・運用 ●資金情報

ことが多いと思います。特に、上場会社では四半期開示という問題もありますし、何か大きな問題があれば適時に開示するべき証券取引所のルールがありますので、経理関係プロセスの適切なマネジメントは喫緊の課題です。

対象企業・事業の現行の決算作業スケジュールやプロセスを詳細にレビューし、グループ管理の観点から早期化が要請される場合、決算早期化のための施策を検討し、それを計画に織り込む必要があります。早期化はすぐには実現できませんので、その間の当座の連結決算対応もまた要検討事項となります。

(H)内部統制

対象企業・事業の内部統制の整備・運用状況も重要な検討分野です。特に上場企業グループになる場合、上場企業グループの関連会社に求められる財務報告に係る内部統制(ICOFR)制度に耐え得るものとなっているか、もしそこにギャップがある場合、どのように改善を図るべきかは喫緊の検討課題となります。

たとえ上場会社ではない場合でも、不正リスクへの対応も含め、内部監査機能をはじめとする内部統制制度の整備と適正な運用は欠かすことはできませんので、要改善事項がある場合には、それを計画に織り込みます。

(1) ITシステム

先に説明したTOMを検討する際には、それを背後から支えるITシステムについても合わせて検討します。DDの段階でITを調査していれば、対象企業・事業が使用しているITシステムの全体像はわかっていると思いますが、PMIのフェーズで今一度その詳細を把握します。その上で、シナジーを発現させるためのTOMを検討する際、「あるべき」ITシステムについて短期的な視点と中長期的な視点の双方から分析・検討します。

言うまでもなく、ITシステムの統合や新たな導入は、かなりの時間とコストを要します。それとシナジー発現のインパクトと時期などを比較衡量し、短期的な措置と中長期的な施策を考えていきます。シナジーのうち、ITシステムの統合ないし共有化がその発現のための必要条件となるものがあります。シナジー全体の中でそうしたシナジーが占める割合が高い場合には、できるだけ早期にITシステムの統合ないし新規導入を行う必要があります。たとえば、銀行など、システムインフラに依拠している部分が大きいビジネスでは、ITシステムの統合がシナジー発現の必要条件となるケースが多いことが想定されます。

一方で、ITシステムの大掛かりな統合や導入ではなく、一部の変更や統合でシナジーが実現できるようなケースでは、全面的なシステム統合はより中期的な課題としてもよいかも

しれません。

いずれにせよ、こうしたシステムの統合や導入に関するプランとそれに必要とされるコストや体制（情報システム部門等）の整備を計画に織り込みます。また、あわせて情報システムセキュリティに関する方針や改善施策も検討し、必要に応じて計画に含めます。

(J)企業文化

企業はそれぞれに独特の企業文化を持っています。そして、それが構成員の思考形態や行動形態に影響を与えます。同じ業種で同じような歴史を持ち、規模や事業展開の状況が似ている企業の間でも、企業文化は全然違います。ある企業は中央集権的でコーポレート部門が強く、お役所的で意思決定に時間がかかり、保守的で慎重な文化を持っています。他方、同業のライバル企業は、コーポレート部門の力が弱く、事業部門の力が強いため、サイロ的思考が強く、アグレッシブな文化であったりします。

あまりに企業文化が違う者同士が統合し、どちらかのやり方に無理やり合わせようとすると、事業のベースを形作っていた価値観が破壊され、企業や事業の価値を大きく損なうことになります。一方、企業文化の融合なくして統合の完了はあり得ません。企業文化の融合は中長期的な目標になりますが、企業のすべての意思決定、プロセス、行動形態、システムの

図表3-28　企業文化の評価

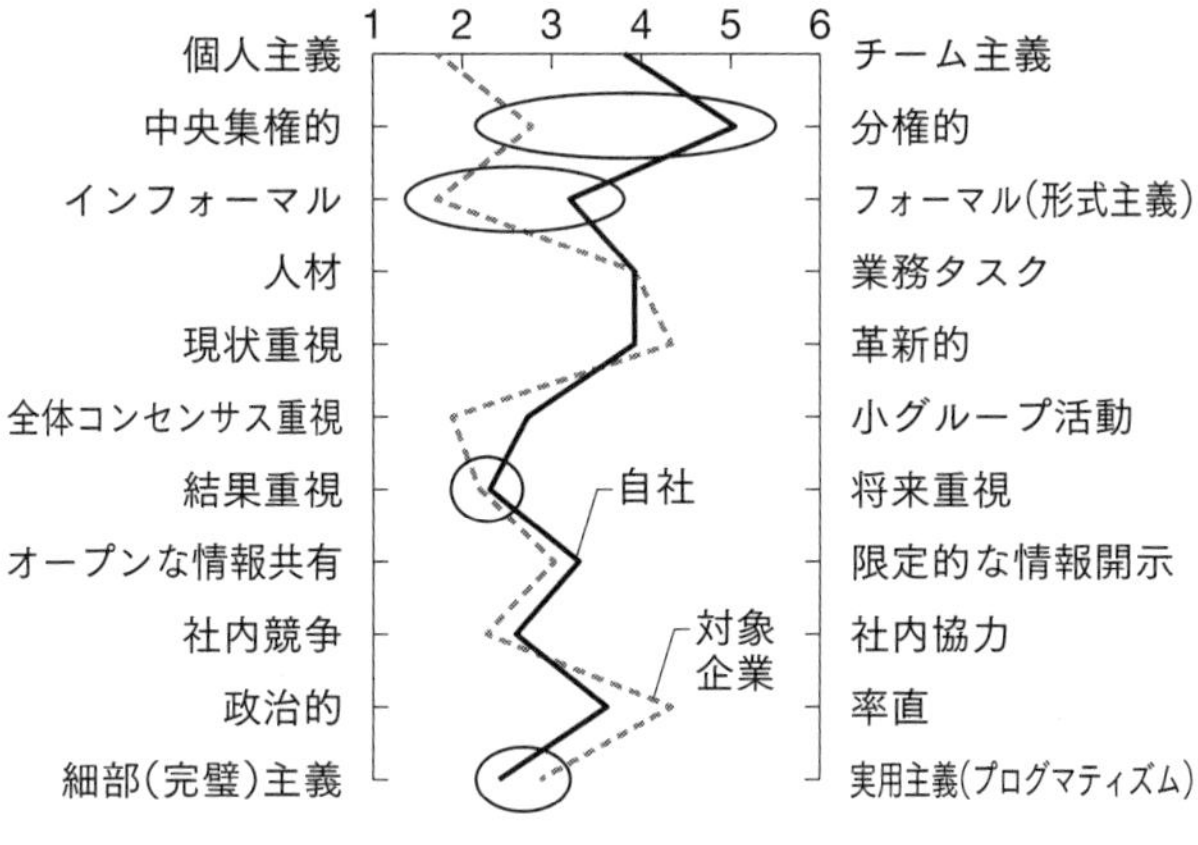

裏には企業文化とそれに基づく価値観があることを、統合当事者の全員がよく理解することが重要です。

統合相手の企業文化に関する理解がないと、「なぜこの人はこんなことを言い出すのか」、「なぜこんな回りくどい方式をよいと思っているのか」、「なぜこんな細かいところにこだわるのか」といった疑念が統合作業従事者に渦巻き、統合作業が頓挫します。

その意味でＤＤの間、または契約締結後クロージングまでのＰＭＩ準備期間にＭ＆Ａ対象企業の企業文化の評価と自社文化との差異分析を行っておくことは有意義です（図表3－28）。企業文化を中長期的に融合させるためには、まず、①現在の両者の企業文化とその差異の理解

をベースに、あるべき企業文化とは何かを定義する、次に②すべての統合作業、タスクの計画や行動段階で、あるべき企業文化の構築を意識する、さらに③そのための地道なコミュニケーション戦略を立案、実行する、ことが重要です。

その際キーとなるのが、新しい会社、新しい企業文化を両者で構築するというマインドセットの植え付け、そしてそれを1つ1つの統合作業で具現化し、積み上げていくこと、です。欧米企業の統合では、企業文化の融合についてかなり意識が高く、そのための施策にも真剣に取り組んでいますが、日本企業の意識はまだまだ高いとはいえません。M&Aの成功の究極的な要因は、企業文化の融合であるという意識をもう少し高く持ち、そのための施策をきちんと検討すべきだと思います。

第4章

M&Aストラクチャリング

1 M&Aに用いられる取引形態

一言にM&Aといっても、図表4－1のようにその取引形態にはさまざまなパターンが存在します。

M&Aの中にはこうした取引形態を複数組み合わせて行われるものもあります。たとえば、買い手が対象企業の一部の事業の取得を望む時、まず会社分割で当該事業を対象企業の子会社として切り出してから、その子会社の株式全部を譲り受ける（株式譲渡）、といった一連の取引でM&Aプロセスを構築することができます。

それぞれの取引形態には固有の特性があり、メリット・デメリットが存在します。M&Aストラクチャリングとは、こうした各取引形態のメリット・デメリットを踏まえた上で、買い手（または売り手）の立場から最適な取引形態を構築する手続きをいいます。

2 M&Aストラクチャリング上の基本的な論点

図表4－2は、M&Aストラクチャリングの初期段階で考慮されるべき3つの基本的な論点（例）です。

図表 4-1　M&Aの取引形態の種類

取引形態	概要	取得する対象資産
株式譲渡	対象企業の発行済株式を第三者から譲り受ける取引	株式（対象企業の法人格）
第三者割当増資（自己株処分を含む）	対象企業が行う新株発行（または自己株処分の割り当て）を引き受ける取引	株式（対象企業の法人格）
事業譲渡	対象企業の事業の一部または全部を譲り受ける取引	事業(対象企業の資産(負債)・権利(義務)等)を個別承継
株式交換	会社法の定めに基づき、対象企業の全株式を取得して完全子会社とする取引	株式（対象企業の法人格）
共同株式移転	会社法の定めに基づき、複数の対象企業が共同で持ち株会社を新設し、その持ち株会社に対象企業の株式すべてを取得させることにより完全子会社となる取引	株式（対象企業の法人格）
合併	会社法の定めに基づき、複数の対象企業が1つの法人格に統合される取引（新設合併と吸収合併がある）	事業(対象企業の資産(負債)・権利(義務)等)を包括承継
会社分割	会社法の定めに基づき、対象企業の一部または全部の事業を新設する会社、あるいは既存の会社に切り出す取引（新設分割と吸収分割（既存会社に事業を包括承継するもの）がある）	事業（対象事業の資産（負債）・権利（義務）等）を包括承継

(1) 選択取得 vs 包括承継

M&Aストラクチャリングにおいては、対象企業の一部の事業を選択的に取得すべきか、事業全体を包括的に取得すべきかの判断が求められます。買い手の事業戦略に合わない事業、経営状況に問題がある事業、売り手が売却を望まない事業など理由はさまざまですが、対象企業の事業の中に買い手が取得を望まない事業や資産が含まれている場合には、その部分を除く事業のみを選択的に取得することができる取引形態を採る必要があります。こうし

	有効な取引形態
	●事業譲渡
	●株式譲渡　●第三者割当増資 ●株式交換　●共同株式移転 ●合併　●会社分割
	●株式譲渡　●第三者割当増資 ●事業譲渡（受け皿会社による譲り受けの場合）　●株式交換 ●共同株式移転（当事会社同士は兄弟会社となる）　●会社分割
	●合併
	一般的に ●株式譲渡　●第三者割当増資 ●事業譲渡 （ただし、株式対価を用いることも可能）
	基本的に ●株式交換　●共同株式移転 ●合併 ●会社分割（吸収分割の場合） （ただし、現金対価を用いることも可能）

図表4-2　M&Aストラクチャリングの初期段階において考慮されるべき基本的な論点

論点	概要
選択取得 vs 包括承継	**選択取得** ●買い手が必要とする事業のみを選択取得できる ●また資産（負債）・権利（義務）も選択的に取得範囲を決められるため、簿外負債や偶発債務を引き継いでしまうリスクを原則として回避できる
	包括承継 ●会社法の定めにより資産（負債）・権利（義務）を包括承継。煩雑な個別移転手続きを回避できる
別法人の維持 vs 法人格の即時統合	**別法人の維持** ●別法人を維持することで拙速な組織統合を回避し、段階的な統合プロセスを実施できる ●対象企業（事業）を子会社または兄弟会社とすることでガバナンスを確立できる
	法人格の即時統合 ●法人格と組織を一気に統合することで、統合効果を早期に実現できる
現金対価 vs 株式対価	**現金対価** ●客観的価値が明確で、価値変動が少ない現金を対価として用いることで、売り手から取引への賛同を得やすい ●買い手の株式を追加発行しないため、持分の希釈化がない
	株式対価 ●対象企業(事業)を取得する買い手の株式を対価として用いることで、売り手に買い手が得る統合効果を配分することができる ●統合効果実現のリスクも売り手との間でシェアすることができる ●一定の要件を満たせば税務上の適格再編とみなされ、取引にかかる課税を繰り延べることができる

た事業の一部を切り出す取引形態としては事業譲渡が考えられます。

また、選択取得を可能とする取引形態を用いることによって、資産・負債、権利・義務についても取得範囲を任意に決めることができるというメリットがあります。たとえば、対象企業に重大な簿外負債や偶発債務が存在する恐れがある場合、そのような債務を事業譲渡の対象範囲から明示的に除外することによって、原則としてリスクを遮断することができます。

なお、選択的な取得手法には上記のようなメリットがある反面、必要な事業や資産・権利について個別に移転するか否かを取り決めなければならないことから、契約やクロージングの手続きが煩雑になるというデメリットも存在します。

大企業の事業部門を買収しようとする場合、通常その事業にはさまざまな業務が含まれています。製造、販売、アフターサービスなど基幹業務から、経理やＩＴ、人事、総務といったサポート業務に至るまで、その範囲は広範囲に及びます。また、対象事業の運営に必要な資産や権利、契約関係なども、その件数は膨大です。そのような事業を、事業譲渡の手法を用いて取得しようとする場合、取得対象とする事業や資産、権利・契約関係の範囲を売り手・買い手の間で個別に取り決めなければならないことから、こうした手続きに相当の時間

と費用がかかり、事務負担も重くなります。

さらに、従業員についても、事業譲渡の場合には、移籍する対象者の範囲をあらかじめ定めた上で、個別に従業員から同意を得る必要があります。（ちなみに、会社分割の場合は、労働契約承継法の定めの範囲の中で、原則として、対象事業に主として従事する従業員の雇用関係は包括承継の対象となります。）

株式を取得する手法で対象企業の法人格を引き継ぐか、会社法の定めに基づく組織再編取引を用いることにより資産（負債）・権利（義務）を包括的に承継することができ、事業譲渡等の際に発生する煩雑な個別移転手続きを回避することができます。こうした取引形態には、株式譲渡、第三者割当増資、株式交換、共同株式移転、合併、会社分割が含まれます。

(2) 別法人の維持 vs 法人格の即時統合

第2に、取得する対象企業を買い手とは別の独立した組織として運営するか、買い手の法人格に取り込んですぐに買い手の既存事業と組織統合するかの判断が必要となります。

別法人を維持することのメリットは、買収した企業の事業と自らの既存事業との間で、企業文化や制度、業務プロセス、報酬体系・報酬水準などの違いが大きい場合に、別法人の状

態を当面維持した上で段階的に統合プロセスを進めることができる点にあります。

たとえば、売却プロセスがオークション方式である場合、買い手と対象企業の経営陣が腹を割って話せる機会は限られます。そのような状況では、M&A後の経営戦略や組織運営について詳しく協議することもできないため、事業統合に関する検討も進みません。そうした場合には、対象企業を当面の間、別法人として維持することが1つの現実的な選択肢となります。

他方で、対象企業とのコミュニケーションが十分にとれており、統合効果の具体化やその実現のための施策の検討もある程度できている場合には、統合プロセスをなるべく早期に進めることが望まれます。そのような場合には、対象企業と自社の法人格/組織を一気に統合することにより、統合効果の早期実現を目指すことが合目的です。取引形態としては、合併や、他の手法で対象企業を買収した上で、その後早期に合併して組織統合するなどのスキームが考えられます。

(3) 現金対価 vs 株式対価

第3に、買収対価として現金を用いるか、株式を用いるかの判断が必要です。通常は、株

式譲渡、第三者割当増資、事業譲渡の対価には現金を用いるのが一般的です。他方で、株式交換、共同株式移転、合併、会社分割など、会社法に基づく組織再編取引は通常、株式対価となります。ただし、会社法に基づく組織再編取引においても株式以外の対価を用いることが許されており、たとえば現金を対価とした株式交換なども実施可能です。

現金は、客観的価値が明確で、価値変動が少なく、かつ流動性がもっとも高い対価であるため、売り手にとっては受け入れやすい対価です。仮に現金ではなく、買い手（法人）の株式を対価として受け取る場合、売り手はその株式を後日売却して換金しなければなりません。この場合、買い手が上場会社の場合にはその株式を市場で少しずつ売却して換金化することも可能ですが、非上場会社の場合には株式の流動性がないことから、その方法も採れず、株式の換金は容易ではありません。

このようなことから、現金は売り手の賛同をもっとも得やすい対価ということができます。また買い手の立場からも、現金対価は自社株式の追加発行を伴わないため、既存株主持ち分の希釈化が起きないというメリットがあります。

株式対価を用いることの大きなメリットの1つは、取得する対象企業（事業）に係るリスクを自社株式の価値変動リスクを通して売り手に引き続き負担させることができる点にあり

ます。別の言い方をすれば、対象企業（事業）のリスクに見合った買収資金の調達を、自社への出資という形で売り手から得ることができる取引手法ということになります。

買い手の株主の立場からは、株主持分の希釈化というデメリットもありますが、買収効果が実現し買い手の株主資本価値が増加すれば価値の希釈化は起きないので一概にデメリットということもできません。なお、売り手にとっても、一定の要件を満たせば取引が税務上の適格再編とみなされ、取引にかかる課税を繰り延べることができる点が大きなメリットとなり得ます。

3 M&Aストラクチャリングに係る税務上の論点

M&Aストラクチャーの検討を行う際に、取引に伴う課税の結果としてキャッシュアウト（資金流出）が発生するか否かは重要な検討事項です。現金対価の取引の場合、受け取った売却対価から税金を差し引いてもまだ売り手のキャッシュフローはプラスですが、現金を伴わない組織再編（株式交換、合併、共同株式移転、吸収会社分割など）で課税が発生する場合には、キャッシュフローがマイナスとなるため、取引のメリットを低下させることになります。

図表4－3は、主な取引形態ごとに、売り手、買い手、対象企業における税務上の取り扱いをまとめたものです。なお、会社法に基づく組織再編取引に関しては、包括的な税務上の規定があるため、まとめて後述します。

組織再編取引については、税務上の規定に照らして一定の要件を充たす取引は、適格組織再編として課税の繰り延べ処理を行うことができます。よって、たとえば吸収合併の場合において、存続会社、消滅会社、存続会社の株主、消滅会社の株主といったいずれの当事者・利害関係者においても課税は発生しません。

他方で、適格組織再編に該当しない場合には、課税の繰り延べ処理を行うことは許されません。たとえば吸収合併の場合、存続会社において消滅会社の資産および負債を時価で譲り受ける処理が求められるため、事業譲渡を行った場合と同様に、資産調整勘定（税務上ののれん）を含む資産・負債の時価とこれらの税務上の簿価との差額について課税されることとなります。

また、存続会社の株式を受け取る消滅会社の株主においては、みなし配当課税が行われる場合もありますので、この点についても考慮が必要です。

図表4－4は、適格組織再編の主な要件をまとめたものです。

なお、適格組織再編に該当しない取引が必ずしも不利な取引形態とは限りません。時価に基づき資産・負債を再評価したとしても税務上の簿価との比較において譲渡益が発生しない場合や、繰越欠損金の活用により譲渡益に対する課税を抑えられる場合には、あえて適格組織再編にこだわらないM&Aストラクチャーを選択する場合もあります。さらに資産調整勘定の償却についても、将来予想される課税所得との兼ね合いで重要なメリットとなり得ますので、考慮が必要です。

クロスボーダーM&Aにおいては、会社や事業を「売却」する場合はもとより、「買収」する際にも、税務の観点から取引スキームの検討を行うことが必要です。

	対象企業
	●課税は発生しない（株主レベルでの取引であるため影響なし）
	●課税は発生しない（資金調達取引であるため課税なし（登録免許税のみ））
	—

図表4-3　主な取引形態に関する税務上の取り扱い

取引形態	売り手（法人の場合）	買い手（法人の場合）
株式譲渡	●売却益（売却金額－税務上の簿価）に対して課税される	●原則として課税は発生しない ●取得価額（一定の手数料を含む）を子会社株式（投資有価証券）として計上
第三者割当増資（自己株処分を含む）	●課税は発生しない（既存株主（売り手）の対象企業に対する持ち株割合は低下するが、株式を売却するわけではないので影響なし）	●原則として課税は発生しない ●取得価額（一定の手数料を含む）を子会社株式（投資有価証券）として計上
事業譲渡	●売却益（売却金額－税務上の簿価の合計）に対して課税される	●原則として課税は発生しない ●取得価額を個々の資産・負債の時価を基礎としてそれぞれ配分することにより計上 ●差額はのれん／負ののれんとなる
会社法に基づく組織再編取引（株式交換、共同株式移転、合併、会社分割）	●組織再編税制に基づき税務上の処理を行う－後述	

図表 4-4　適格組織再編の主な要件

主な要件	組織再編の類型
100%グループ内（完全支配）の場合 ●金銭等の交付がないこと ●完全支配関係が継続する見込みであること	株式交換、現物出資、現物分配、株式移転、合併、吸収分割(分割型、分社型)
50%超 100%未満グループ内（支配）の場合 ●金銭等の交付がないこと ●支配関係が継続する見込みであること [従業者引継要件] ●消滅法人等（*1）の従業員の80%以上が組織再編後も引き続き業務に従事する見込みであること [事業継続要件] ●消滅法人等の主要な事業が組織再編後も引き続き営まれる見込みであること [主要資産負債引継要件] ―会社分割・現物出資の場合 ●主要な資産負債が移転されること	株式交換、現物出資、株式移転、合併、吸収分割（分割型、分社型）
共同事業を営む場合 ●金銭等の交付がないこと [従業者引継要件]、[事業継続要件]、[主要資産負債引継要件] については基本的に同上。これらに加えて [事業関連性要件] ●消滅法人等の主要な事業が存続法人等（*2）の営む事業のいずれかと相互に関連していること [規模要件または経営参画要件] ●消滅法人等と存続法人等の規模（売上高等）の割合が5倍を超えないか、または、各社における特定役員（常務以上）のいずれかが組織再編後の法人の特定役員となる見込みであること	株式交換、現物出資、株式移転、合併、吸収分割（分割型、分社型）

*1　消滅法人等には、吸収合併の場合の消滅法人、株式交換の場合の完全子法人、現物出資の場合の出資事業、会社分割の場合の分割事業、株式移転の場合の完全子法人等が含まれる

*2　存続法人等には、吸収合併の場合の存続法人、株式交換の場合の完全親法人、現物出資の場合の受入法人、会社分割の場合の分割承継法人、株式移転の場合の完全子法人等が含まれる

売却の場合には、どのような取引スキームを選択すると譲渡益課税を含む税金がいくら発生するかを比較検討しながら、税金を差し引いた売却対価が最大化される取引スキームを優先的に選択してストラクチャリングに関する交渉を行います。

買収の場合でも、クロスボーダーM&Aについては、税務の観点からの検討が重要です。それは、買い手が買収後に対象企業から投資回収（配当やロイヤリティなど）しようとする際、ストラクチャーによっては課税上の有利／不利が発生するからです。また、将来的に買い手が対象企業を売却する際には譲渡益課税が発生することが考えられますが、どの国に買収ビークル（受け皿会社）を置くと有利かということを事前に比較検討しておくことも重要です。

こうした検討にあたっては、日本、買収ビークル（受け皿会社）を設立する国、対象企業の所在国などの税制を事前に十分調査しておく必要があります。具体的には、受取／支払配当、受取／支払ロイヤリティ、キャピタルゲインなどに関する税率や取扱い、関係国間の租税条約の有無やその取扱い等を考慮する必要があります。その上で、有望な取引ストラクチャーの選択肢をいくつか立案し、その後各選択肢を比較検討し、ストラクチャーを最終決定するというプロセスを採ることが一般的です。

4　M&Aストラクチャリングに係る会計上の論点

会計処理もM&Aストラクチャリングに大きな影響を与える場合があります。以下、個別財務諸表と連結財務諸表のそれぞれにおいて求められる会計処理を、主な取引形態別に概観します。

(1) 個別財務諸表における会計処理

①事業譲渡

買い手側の処理としては、取引金額を、取得する資産・負債の時価をベースに貸借対照表項目へ配分して各資産・負債の取得簿価を決定します。取得金額と配分された資産・負債の取得簿価の合計額との差額は、のれんまたは負ののれんとして認識します。のれんは、20年以内のその効果の及ぶ期間にわたり、定額法またはその他合理的な方法により規則的に償却することとされています。また負ののれんは、当期の利益として処理することとされています。売り手側では、帳簿価額と取引金額の差額を売却損益として認識します。

②合併

合併取引（一般的には吸収合併）の処理としては、図表4－5の「共同支配企業の形成」または「共通支配下の取引」とみなされる場合を除き、事業譲渡の場合と同様に行います。この場合、買い手側（取得企業とみなされる企業（通常は存続法人））では、取得金額を取得する資産・負債の時価をベースに貸借対照表項目へ配分し、各資産・負債の取得簿価を決定します。のれんまたは負ののれんの計上、償却についても同様です。

合併取引における取引金額は、取引が「共同支配企業の形成」または「共通支配下の取引」とみなされる場合を除き、取得企業（通常は存続法人）が合併にあたり発行する株式の価値（時価（合理的な評価額を含む））およびその他の対価の価値の合計額に基づき決定されます。

共同支配企業の形成または共通支配下の取引に該当する合併については、合併の結果、存続法人に引き継がれた資産・負債の帳簿価額の合計額をもって取引金額ならびに取得する資産・負債の取得価額（買い手側）を決定します。いわゆる簿価引継ぎという処理です。この場合、のれん／負ののれん（買い手側）も売却損益（売り手側）も発生しません。

図表 4-5　共同支配企業の形成および共通支配下の取引

	要件
共同支配企業の形成 （企業結合会計基準第37項）	企業結合を共同支配企業の形成と判断するためには、共同支配企業となる企業が、複数の独立した企業によって構成されていること、および共同支配するための契約等を締結していることが必要。 また、次の要件を充たしていることが必要。 1）企業結合に際して支払われた対価のすべてが原則として議決権のある株式であること。また次のすべての要件を充たしていること： ●企業結合が単一取引で行われるか、または原則として1事業年度内に取引が完了する ●交付株式の議決権の行使が制限されない ●企業結合日に対価が確定している ●交付株式の償還または再取得の取り決めがない ●株式の交換を事実上無効にするような結合当事企業の株主の利益となる財務契約がない ●企業結合の合意成立日前1年以内に、当該企業結合を目的として自己株式を受け入れていない 2）（次のような）支配関係を示す一定の事実が存在しないこと： ●いずれかの結合当事企業の役員もしくは従業員である者またはこれであった者が、結合後企業の取締役会その他これに準ずる機関（重要な経営意思決定機関）を事実上支配している ●重要な財務および営業の方針決定を支配する契約等により、結合当事企業のうちいずれかの企業が他の企業より有利な立場にある ●企業結合後2年以内にいずれかの結合当事企業が投資した大部分の事業を処分する予定である
共通支配下の取引 （企業結合会計基準第16項）	結合当事企業（事業）のすべてが、企業結合の前後で同一の株主により最終的に支配され、かつその支配が一時的ではない企業結合

③株式譲渡

株式譲渡については、現金を支払対価の前提とした場合、買い手側で取引金額に基づき子会社株式（投資有価証券）を計上し、売り手側は取引金額と帳簿価額の差額を譲渡損益として認識します。

④株式交換・株式移転

株式交換については、共同支配企業の形成または共通支配下の取引に該当する場合を除き、取引は会計上「取得」とみなされ、買い手（取得企業とみなされる法人（通常は完全親法人））は支払対価（株式交換にあたり発行した株式の時価（合理的な評価額を含む）とその他の対価の時価の合計額）をもって取引金額を決定し、子会社株式（投資有価証券）を計上します。売り手も同様に、取引金額と帳簿価額の差額に基づき売却損益を計算します。基本的に、株式移転も同様の原則に基づき処理を行います。

(2) 連結財務諸表における会計処理

連結会計基準では、個別財務諸表の金額を基礎として、子会社の資産・負債の評価、投資

と資本の相殺消去、債権・債務および内部取引の相殺消去、未実現利益の消去等の処理を行うことを求めています。対象事業または対象企業の事業が買い手事業に取り込まれる事業譲渡ならびに合併取引では、個別財務諸表でほとんどの会計処理（対象事業に含まれる子会社等の連結処理を除く）が完了しますので、ここでは説明を省略します。

①株式譲渡

株式譲渡（通常は現金対価の取引）については、子会社の各資産・負債を時価をベースとして評価し、取引金額（子会社株式の取得価額）との差額はのれんまたは負ののれんとして認識（注：負ののれんについては一括利益計上）します。各資産・負債の連結上の時価評価額と税務上の簿価との差額（一時差異等）については、連結会計上の税効果会計を適用します。

②株式交換・株式移転

株式交換については、共同支配企業の形成または共通支配下の取引に該当する場合を除き、取引は会計上「取得」とみなされますので、株式譲渡のケースと同様に、連結財務諸表

上は子会社の各資産・負債を時価ベースで評価し、取引金額（子会社株式の取得価額）との差額はのれんまたは負ののれんとして認識（注：負ののれんについては一括利益計上）します。基本的に、株式移転も同様の原則に基づき処理を行います。

他方で、株式交換・株式移転の前後で同一の株主により最終的に支配され、その支配が一時的でない場合には、共通支配下の取引となり、個別財務諸表において株式交換完全子会社の資産・負債は基本的にその帳簿価額を引き継ぐ形で処理されますので、その結果、連結財務諸表においても投資と資本の相殺消去がなされ、完全子会社の各資産・負債の帳簿価額を基本的にそのまま表示することとなります。

連結財務諸表上、買い手が取得した事業に含まれる資産・負債を、時価をベースに評価する手続きをＰＰＡ（Purchase Price Allocation）と呼びます。特に、対象事業に含まれる無形資産の評価結果次第では、当面の償却費用負担が想定以上に重くなり、会計上の買収効果を引き下げる可能性もありますので、慎重な対応が必要です。

(3)　ＩＦＲＳにおける会計処理

今日では多くの日本の上場企業が、財務報告目的でＩＦＲＳ（国際財務報告基準）を会計

基準として採用しています。そこで、以下ではIFRSに基づく企業結合の会計処理について触れておくこととします。

図表4－6は、企業結合に関する日本の会計基準とIFRSとの違いをまとめたものです。

IFRSに基づく企業結合の会計処理は、基本、以下のステップにしたがって行われます。

	IFRS（IFRS第3号）
	●事業の取得にあたり支払った（引き渡した）対価の公正価値と、被取得企業の非支配持分の公正価値との合計から、以下を差し引いた残額をのれんとして認識する ●段階取得における持分投資の取得日の公正価値 ●取得日の公正価値で測定した取得資産・引受負債の純額
	●計上することができる（経済的単一体説に基づくといわれている）
	●一定の条件の下、認めている
	●公正価値評価し、引き渡した対価の一部として認識する
	●非償却 ●最低年に1回の減損テストを実施
	●損失が非支配持分の投資を上回る場合であっても損失は非支配持分へ配分する

図表4-6　企業結合会計に関する日本基準とIFRSの違い

項目	日本基準
のれんの定義	●企業結合における取得価額を公正価値で測定 ●取得した事業に含まれる資産・負債を、時価をベースに配分 ●取得価額から事業に含まれる資産・負債の時価を差し引いた残額をのれんとして認識
非支配持分に関するのれん	●計上しない（親会社説に基づく）
偶発債務	●特に規定はない ●特定勘定あり
条件付対価	●将来の業績に依存する条件付対価は、対価の交付が確実で、時価が合理的に決定可能となった時に、のれんを追加計上する ●特定の株式または社債の将来の価格に依存する条件付対価は、要件を満たした時に時価評価する
のれんの償却	●資産に計上し、20年以内の期間で規則的に償却 ●必要に応じて減損
被支配企業の損失の非支配持分への負担	●株主間の合意により負担が生じる場合を除き、超過した損失は少数株主には配分せず、親会社へ配分する

- ステップ1：取得企業の識別
- ステップ2：取得日の決定
- ステップ3：対価の測定
- ステップ4：取得資産・負債、非支配持分の認識と測定

ステップ1：取得企業の識別

企業結合においては、必ず結合企業のうちの1つを取得企業として識別しなければなりません。基本的には、結合後企業に対する議決権比率、結合後企業の取締役会（またはその他の重要な意思決定機関）の構成員の過半数選任権、プレミアムの支払いの有無等に基づき支配力の有無を判断し、取得企業を決定します。これらの点に関しては日本基準とIFRSの間に大きな差異は存在しません。

ステップ2：取得日の決定

日本基準と同様に、通常はクロージング日が取得日となります。クロージング日を取得日

とすべきでないような状況（たとえば、クロージング日以前に契約等の合意に基づき取得企業が被取得企業を支配する状態が発生する状況等）が存在する場合には、個々に判断が必要となります。

被取得企業の公正価値の測定、対価として引き渡した資産の公正価値の測定、取得した被取得企業の資産・負債の公正価値の測定、連結の開始などは、すべて取得日において行われますので、取得日の決定は重要な手続きの1つです。

ステップ3：対価の測定

IFRSでは、取得価格は支払われた対価の公正価値に基づき決定されることとなっています。よって、現金以外の対価（現金以外の資産、取得企業の事業または子会社、条件付対価、取得企業の株式やオプションなど）が引き渡される取引については、その対価の公正価値を測定する必要があります。引き渡した対価の取得日における公正価値が、その帳簿価額と異なる場合には、その差額を損益として認識する必要があります。

ステップ4：取得資産・負債、非支配持分の認識と測定

取得企業の資産・負債を公正価値で再評価し、取得価額の一部をこれらの資産・負債に配分する手続き（PPA）については、日本基準とIFRSとの間に一部基準上の差異が存在しますが、運用上はほとんど同様の会計処理対応が行われています。

他方で、非支配持分を公正価値で測定し、のれんを認識する処理は日本基準にはない取り扱いです。これは、企業結合会計において日本基準が親会社説を拠りどころとしているところ、IFRSは実質的に経済的単一体説に基づいており、非支配持分も資本として取り扱うためです。

日本基準とIFRSの最大の差異の1つがのれんの取り扱いです。IFRSでは、のれんの償却は行わず、毎期必ず最低1回、のれんが含まれる資金生成単位（Cash Generating Unit）ごとに減損テストを実施します。なお、IFRSののれんの減損テストは、日本基準（2ステップのテスト）と異なり、1ステップで行われることから、減損の時期と金額に影響が発生します。一般的に、IFRSでは減損がより早期に発生する傾向があるといわれています。

5 その他の論点と進め方

(1) M＆Aストラクチャリングに係る法務上の論点

M＆A取引のストラクチャリングに関しては、その他さまざまな角度からの考慮が必要になります。たとえば、取引が国内外の競争法（国内においては独占禁止法）に抵触する恐れがある場合には、その影響を取引の範囲やスケジュール、その他取引条件面で考慮する必要があります。また、証券取引に関する法律（国内においては金融商品取引法）による制限についても考慮が必要です。

(2) M＆Aストラクチャリングの進め方

図表4－7は、M＆Aのストラクチャリングにおいて考慮すべき事項の一部を例として列挙したものです。

M＆Aにはさまざまな論点が存在し、そのいくつかはストラクチャリングを工夫することによって解決可能です。しかしながら、それですべてが解決できるとは限りません。1つの課題を解決するために選択した取引形態は、他の課題の解決策にはならないこともままあり

図表4-7　M&Aストラクチャリングにおける考慮事項（例）

組織体制のスタイル
- 別経営、別組織
- 即統合

持分の完全取得
- 少数株主残存の回避

包括移転
- 契約・資産・権利の包括移転
- 従業員の移転（個別同意の回避）

選択移転
- 不必要資産、契約の分離
- 従業員の選別・雇用条件の変更

リスク遮断
- 偶発債務
- 簿外負債

資金
- 株式対価による買収
- 株式価値・議決権の希釈化の回避

取引の迅速性／簡易な手続き
- 株主総会手続きの回避等
- 債権者保護手続きの回避

会計
- のれん発生／償却の回避（買い手）
- 売却益の計上（売り手）

税務
- 課税の回避（売り手）
- 欠損金の引継ぎ（買い手）
- 税務上ののれん等の償却メリット（買い手）

経営上の力関係
- 支配・従属関係
- 対等関係

取引の透明性
- TOBの実施等

ますし、場合によってはまた別の課題を生むことさえあり得ます。また、買い手にとって有利な取引形態は、必ずしも売り手にとっても有利なものとは限りません。むしろ多くの場合、買い手と売り手の利益は相反し、トレードオフの関係になります。そうした中で、上手にストラクチャリングを進めていくためには、いくつかのポイントを踏まえる必要があります。

まず、ストラクチャリングで解決すべき優先度の高い課題を明確にします。言い方を変えれ

ば、命題を定義するということです。そして、その命題をクリアすることができるストラクチャー（M&A実行後の組織構造）をいくつか選択していきます。出来上がりの形が定義できたら、その組織構造に至るまでの再編スキームを検討します。この時点で一定の取引形態を選択して（またはいくつかの取引形態を組み合わせて）たたき台となる再編スキームを立案します。同時に、その再編スキームの問題点を洗い出し、代替案となる選択肢をいくつか用意します。自社側で一定の検討ができたら、再編スキーム案のうち優先順位の高いものから取引相手側と共有して、擦り合わせを行っていきます。

第5章

企業再生とM&A

1 企業再生におけるM&Aの活用

企業の経営はいつも順風満帆とは限りません。製品やサービスにはライフサイクルがあり、ある時期どんなに素晴らしい製品やサービスであったとしても、いずれは廃れ、より素晴らしい代替品やサービスが登場することにより、最終的には市場性を失います。特に昨今は、テクノロジーの進化が短期間でドラスティックに進むため、製品やサービスのライフサイクルはどんどん短くなっています。そうした環境において、ある製品やサービスにこだわり続ける経営をしていると、企業の業績は傾きます。

先に述べたようにM&Aを利用して柔軟に事業ポートフォリオを入れ替え、最適化することが必須になります。しかしながら、そうしたことがいつもうまくいくわけではありません。うまくできないと、企業は業績の低迷に直面します。営業赤字に転落したり、それが毎期続くといずれ債務超過に陥ったりします。そうなると、お金を貸している銀行も融資金の回収に走り、新規の融資をしてくれなくなりますので、そのままでは企業経営は立ち行かなくなります。そして、いわゆる企業再生の局面を迎えます。

企業再生局面に陥った企業を立ち直らせる手法にはいろいろありますが、M&Aを活用す

る手法がよく用いられます。企業再生局面にある企業は経営資源が枯渇していることが多く、他社の経営資源を活用して再生を果たすことが効果的なケースが多いため、Ｍ＆Ａが活用されるのです。企業再生に係るＭ＆ＡをDistressed M&Aと呼びます。特殊な状況下のＭ＆Ａであることから専門性が必要とされ、Distressed M&Aを主な業務としているプロフェッショナルも存在します。

よくある企業再生のスキームとして、Good/Bad Companyスキームがあります。図表５－１はその概念図です。コアとなる事業、将来性がある事業、金を生んでいる事業をＧｏｏｄ事業群、ノンコア事業、将来性がない事業、金を生んでいない事業をＢａｄ事業群として、それらを分けます。その上で、Ｇｏｏｄ事業群をベースに再生を図り、Ｂａｄ事業群は売却ないし清算することにより処分し、それによる損失を債権者等の負担で一気に処理し、出直しを図るスキームです。

会社分割を利用して、Ｇｏｏｄ事業群とＢａｄ事業群を分け、Ｇｏｏｄ事業群の会社にスポンサーを招聘したり、Ｇｏｏｄ事業群（の会社）を第三者に売却し、当該第三者の下でＧｏｏｄ事業群の生き残りや成長を図ったりします。債権者サイドから見ると、Ｂａｄ事業群の処理によって一定の損失負担は生じますが、Ｇｏｏｄ事業群には信用力のあるスポンサ

図表 5-1　Good／Bad Company スキーム

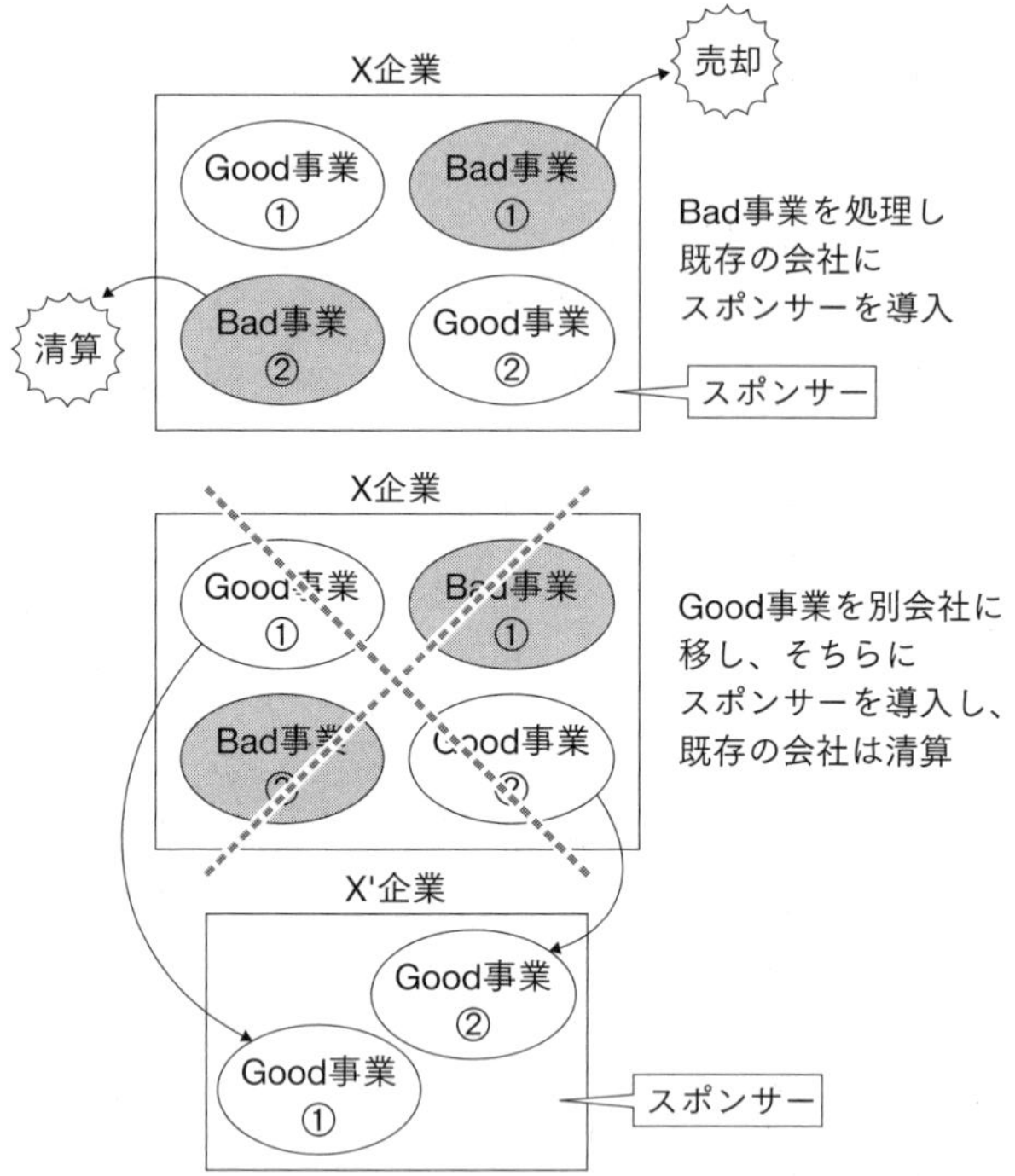

ーがつくことになり、残債の回収に懸念は無くなります。当該企業の状況がズルズルと悪化し、最終的に破産清算を迎えることを考えると、こうしたスキームに同意する余地が生まれます。

２ 企業再生スキームの類型

Good/Bad Company スキームを具体化するための道具立てとして、さまざまな私的整理・法的整理の枠組みが用意されています。こうした枠組みの全体像については図表５－２をご参照ください。私的整理の代表的な枠組みは事業再生ＡＤＲであり、一方、法的整理の代表的な枠組みとしては会社更生法と民事再生法があります。これら代表的な枠組みの長所・短所を図表５－３にまとめてあります。

重要な点として、私的整理のメリットは、いわゆる「倒産」という話にはならず、したがって、レピュテーションの毀損が法的整理に比して軽微であり、それゆえ、事業価値の重大な毀損を招くことなく、再生に向けた途に着くことができる点にあります。

法的整理の適用を申請すると、新聞紙上では「倒産」、「破綻」という見出しで報じられることになります。また、日本の法的整理においてはすべての債権者は衡平に取り扱われることから、取引債権も金融債権と同様に債権カットの対象となり、全額回収は困難になります。対象企業に物品やサービスを納入していた業者から見ると、売掛金の貸し倒れが生ずる

	民事再生法	事業再生ADR
	再生債権者 ※担保権は別除権とされ、枠組み外	金融債権者（通常）※大口の取引債権者を含むことがある
	再生債権者の決議（債権者集会）による計画案可決＋裁判所による認可決定	対象債権者全員による計画案への同意
	議決権を行使できる出席債権者数の1／2超かつ、総債権額の1／2超の同意	対象債権者全員が計画案に同意する旨の書面を提出
	債務者 債権者（破産の原因たる事実の生じるおそれがある時のみ）	債務者と事業再生ADRが連名で一時停止（元利金弁済の停止）を発する
	約1週間	—
	10年以内※別除権付債権は枠組み外なので、その弁済期には上限はない	3年以内の債務超過解消 3年以内の経常黒字化
	従前の経営者が継続可能（管財人が選任される場合もあり）	任意だが、従前の経営者に対する道義的責任追及は当然ある
	制度上株主の権利変更はないが、スポンサー等による増資受入や債権者に対する株主責任の明確化のために通常は100％減資が行われる	任意
	同左	任意
	減資については債務超過であれば裁判所の許可を得て再生計画の定めにより可能。増資については会社法上の手続きによる	会社法上の手続きによる
	再生手続き開始後であれば再生計画によらず裁判所の許可により可能	会社法上の手続きによる
	会社法上の手続きによる	同左
	会社法上の手続きによる	同左

図表 5-2　私的整理と法的整理の枠組み

各手続きの特徴

	会社更生法
権利変更 対象債権者	更生債権者 更生担保権者
可決手続き	更生債権者・更生担保権者・株主の決議（関係人集会）による計画案可決＋裁判所による認可決定
可決要件	更生債権：債権総額の1／2超の同意 更生担保権：債権総額の3／4以上の同意。ただし更生担保権の減免を行う場合は同4／5以上の同意 清算的更生計画案の場合は同9／10以上の同意
申立人	債務者 一定数の株式、債権を有する株主債権者
申立～開始決定の期間	約1カ月
計画期間	15年以内
経営者 経営権	管財人が経営に関する一切の権限を得て遂行。従前の経営者は原則として退任（DIP型もあり）
既存株主の権利	制度上は利害関係人として更生手続きに関与する権利を有するが、通常、債務者は債務超過状態にあり、株主に分配される残余財産がないことが明らかであるため、一切の権利を失うことになる
上場維持	通常困難
減増資手続き	更生計画における定めにより可能
事業譲渡	更生手続き開始後であれば更生計画によらず裁判所の許可により可能
会社分割	更生計画における定めにより簡易な手続きにて実行可能
債務の株式化（DES）	更生計画における定めにより可能

	私的整理（事業再生ADR）
	●一般に金融債権者のみを対象
	●比較的企業イメージ、ブランド・事業価値を損なわずに再生プロセスを進めることが可能 ●私的な手続きであるため、比較的短期で実施可能 ●関連当事者間の合意が得られ、一般的な法律を犯さない限りにおいて、柔軟な弁済計画や財務リストラクチャリングスキームの策定・実行が可能（融通が利く） ●上場を維持したままの財務リストラクチャリングも可能 ●経営者保証ガイドラインにより、オーナー経営者の個人保証問題の解決可能性がある
	●再生プロセスの透明性が法的整理に比較して低い（ただし、事業再生ADRなどフォーマルな私的整理の枠組みにおいては、第三者機関の関与等により手続の透明性が確保されている） ●権利変更を要する全債権者の同意による利害調整が必要（多数決が使えない） ●減増資や事業譲渡等について、通常の会社法の手続きが必要 ●手続きの透明性が低い場合、スポンサーや短期的資金（DIPファイナンス）の出し手を見出すのが困難（簿外負債や隠れ不良資産等に係るリスクを完全に排除することはできず、自らのDD結果によって判断することとなる） ●法的整理下の企業に適用される特別な税務メリットの享受余地が少ない（ただし、事業再生ADRフォーマルな私的整理の枠組みにおいては、税務メリットの享受も可能）

図表 5-3　財務リストラクチャリング
ー法的整理と私的整理の長所・短所比較

	法的整理（会社更生・民事再生）
	●原則全債権者を対象（ただし、会社更生法においては近時、商取引債権者保護を図ったケースも複数ある）
メリット	●再生プロセスの透明性が高く、利害関係者の理解を得やすい ●裁判所の関与のもと、多数決による利害調整が可能 ●スポンサーや短期的資金（DIPファイナンス）の出し手を見出すのが比較的容易（裁判所の管理下で透明性をもって所定の手続きが行われており、簿外負債や隠れ不良資産等に係るリスクが低い） ●減増資、事業譲渡等に関する法的手続が比較的容易なため、様々な財務リストラクチャリングスキームとの柔軟な組み合わせが可能 ●一定の要件のもと、さまざまな税務メリットの享受が可能
デメリット	●企業イメージの悪化、ブランド・事業価値の毀損の可能性が比較的高い（近時は、商取引債権の保護等で、事業価値毀損の回避が図られるケースもある） ●手続の迅速化が一定程度図られてきてはいるが、比較的時間と手間がかかる ●弁済計画や財務リストラクチャリングスキームにおいて、一定の合理性、衡平性を満たすことが必須（融通が利かない場合がある） ●上場企業の場合には上場維持が原則困難 ●オーナー経営者の個人保証問題も同時に法的整理下で処理されることが多い

状況になりますから、それ以上取引を継続するという決断は困難になります。これを対象企業側から見ると、物品やサービスの納入業者との取引関係を失うことになりますから、事業的に縮小状況が生じ、事業価値は毀損する結果になります。

これに対し、私的整理では債権カット等の対象は主として金融債権者（銀行等）になり、取引債権者には全額支払いを続けることが前提となりますので、法的整理の状況に比して、事業価値の毀損を最低限に抑えることができるのです。

一方で、私的整理のデメリットとしては、その手続きに拘束される債権者（通常は金融債権者のみ）全員の同意が原則であることと、裁判所を通じた債務の確定という手続きがないことから、外部から見ると、簿外負債がクリアにならない点が挙げられます。前者は、要は「多数決」が使えない、ということを意味しています。逆に法的整理では「多数決」を使うことができるので、法的整理案に反対する少数者を「多数決」の原理で排除することができます。

また、後者はM&Aという意味で特に重要な論点になります。前述したように、再生が必要な局面では、対象企業の経営資源は枯渇しており、誰か経営資源を補填してくれる者にサポートしてもらうことが再生の確実を期すためには重要です。そのための手段がM&Aにな

るわけですが、資金を入れてサポートする側からすると、対象企業の経営と財務の真の状態を理解できない限り、投資には踏み切れません。

その際に最大のハードルになるのが、財務資料や帳簿に載っていない「簿外の負債」なのです。特に経営不振企業は、その原因ないし結果として、通常ではないトラブルや状況を抱えていることが多く、それが簿外の負債となっている可能性が高いのです。こうした状況を知らずに対象企業をＭ＆Ａにより買収すると、思わぬトラブルに巻き込まれます。したがって、経営不振企業をＭ＆Ａし、スポンサーとして再生をサポートしようとする企業にとってもっとも気になることは、簿外負債の有無なのです。

法的整理は、裁判所が関与する衡平性が高い手続きである必要があることから、不可避的に、すべての債務を確定する手続きがそのプロセスに組み込まれています。したがって、法的整理企業においては簿外負債を心配することなく、スポンサーないし投資家はＭ＆Ａをすることができます。これは資金提供者ないし再生スポンサーを呼び込む上で非常に大きなメリットとなります。

私的整理における簿外負債問題と法的整理における事業毀損問題を解決するために開発され、しばしば用いられるのが、プリパッケージ型の手法です。通常の法的整理下のＭ＆Ａ

では、法的整理を申請し、裁判所から開始決定が出た後で、法的整理プロセスの中で対象企業や事業のスポンサーを募ります。

これに対し、プリパッケージ型では、法的整理を申請する前にスポンサーを募り、ある程度条件を決定した上で、それを前提に法的整理を申請します。本来は私的整理でスポンサーを入れる形態ですが、簿外負債問題をクリアするために、一部法的整理を利用するのです。これにより、事業価値毀損問題もある程度解決できます。なぜなら、法的整理を申請する段階ですでにスポンサーが決まっていれば、当該スポンサーの信用力により、対象企業の信用力の低下をある程度緩和することができるからです。

こうした、ある意味「いいとこどり」の手続きがプリパッケージ型であり、それゆえに米国などでは頻繁に用いられる手続きとなっています（注：米国では、より踏み込んで、ほとんどの利害関係者との交渉が済んでいる形で法的整理に持ち込む、プリネゴシエーティッド型がしばしば用いられる）。

海外の倒産手続きに目を向けてみます。海外の代表的な法的整理手続は、米国のチャプター11です。ゼネラル・モーターズ（GM）などの大きな再生で用いられましたので、聞き覚

えのある方も多いかもしれません。チャプター11は、日本の会社更生法ないし民事再生法のように会社の再生を図るための法的手続きです。

その特徴として、スピーディーな再生に資するさまざまな道具立てが用意されていることと、M&Aを活用する再生に使い勝手がよいことが挙げられます。日本の会社更生法や民事再生法との最大の違いは、取引債権者の保護です。先に述べたように、日本の法的整理では債権者衡平の原則から、取引債権者と金融債権者が同列に扱われ、債権カット等も同様であるため、法的整理を適用したスキームでは多かれ少なかれ事業の毀損が生ずることが問題でした。チャプター11ではこうした問題に対する対応が図られています。

端的に言えば、取引債権の保護が図られる構造になっています。ゆえに、チャプター11を申し立てる場合に、取引債権のカットやそれによる事業の毀損を心配しなくてもよいスキームとなっています。また、チャプター11の申請後に再生計画案に拠らない（再生計画案の策定を待たずして）機動的なM&Aができるように配慮されています（注：チャプター11の363条に基づくM&Aであることから、363条セールといわれる）。さらには、私的整理から法的整理に移行する際に、私的整理で合意されていた項目の維持・移行にも配慮がなされており、前述したプリパッケージ型やプリネゴシエーティッド型の再生スキームがやり

やすい枠組みとなっています。

他にもスーパープライオリティ（超優先債権条項）などの枠組みが具備されており、DIPファイナンス（注：法的整理申請企業に対する融資の略称）が受けやすいなど、再生に資する多くの工夫がされています。こうした工夫のそれぞれがM&Aを利用した再生に資することも容易に理解していただけることと思います。

3 企業再生におけるM&Aに特有の論点と対処法

ここでは、企業再生に係るM&Aに特有の論点とその対処法についてまとめておきたいと思います。まず、企業再生に係るM&Aが買収側ないしスポンサー側から見ると、非常に魅力的な投資チャンスであることを認識していただきたいと思います。こうしたDistressed M&Aを自らのビジネスの成長ドライバーとして認識している企業もありますが、まだまだそうした認識がない企業が多いように思います。

もちろん、後に述べる企業再生に係るM&Aに特有の論点やリスクはあるのですが、一方でうまくやれば、普段は滅多にお目にかかれないほどのよい投資機会となる可能性もあるのです。まず、Distressed M&Aにはそれなりのリスクが伴うことから、通常の案件に比べて

比較的安価で素晴らしい事業や資産を手に入れることができる機会となり得ます。また、そうしたリスクは、これから説明する通り、うまくやればかなりマネージ可能なものとすることができます。

(1) 簿外負債

それでは Distressed M&A に特有の論点やリスクにはどのようなものがあるでしょうか。まず、前述した通り Distressed M&A においてもっとも重要な論点は簿外負債です。企業再生に直面している企業に対するM＆Aでは、何をおいてもまず簿外負債に気をつけなければなりません。

簿外負債にはさまざまな原因があります。経営不振企業では決算数値の粉飾が行われているケースが多く、それに端を発して簿外負債が形成されることがあります。また、経営不振企業では信用力の低下を背景に、取引先や顧客との関係が通常ではなくなり、交渉力が弱まるケースが多くあります。その結果、長期にわたる不平等な契約を締結せざるを得ないケースが多く、そうした契約の存在を一部の関係者のみで共有し、他には隠している（会計上認識・計上されずに簿外となる）ケースもよくあります。さらには、品質問題に端を発する保

証責任に係る債務を抱えているケース、税務申告に関して国内ないし海外の税務当局と紛争になっているケース、残業代を支払わずサービス残業債務があるケースなど、実にさまざまな簿外負債の可能性があります。

したがって、Distressed M&Aにおいては、細心の注意を払って簿外負債の調査（DD）を行う必要があります。特に、さまざまな契約書のレビューや対象企業の顧問弁護士との面談などは欠かせない手続きとなります。しかしながら、前述した通り、率直に言って帳簿などの財務資料に載っていない債務を網羅的に見つけるには限界があります。そのため、簿外負債リスクが特に高いと思われる案件においては、簿外負債を最小限にできるM&Aストラクチャーの検討が必要となります。

たとえば、対象企業に対する直接的な投資（株式の買取、第三者割当増資）ではなく、事業譲渡の形態をとることにより、対象企業に付着する簿外負債を遮断する方法や、前述の通り、法的整理手続きの債務確定手続きを利用して、簿外負債を顕在化させ、不測の簿外負債引き継ぎを回避する方法、などが考えられます。

(2) 正常収益力

第２の論点として、正常収益力の問題があります。経営不振企業の過年度の財務諸表や決算書などをＤＤで見る時、共通した特徴に気づきます。一言でいえば「荒れている」ことです。リストラに係る費用や在庫の廃棄損、違約金、特別償却、減損損失、投資損失等の特別損失等が多額に計上されていたり、売掛金や在庫、買掛金や借入金などが時系列で大きな変動をしていたり、仮払金、貸付金、前渡金などビジネス的に意味が不明な資産項目の残高が増加していたりします。これは経営不振状況を反映して、通常では考えられないさまざまな事象が発生し、それが財務数値に反映されたことにより生じた状況です。

したがって、こうした普通ではない事象の１つ１つをＤＤで紐解いていき、過年度の営業利益やＥＢＩＴＤＡなどに適正な調整を加え、正常化された営業利益やＥＢＩＴＤＡのレベルを把握することが重要になります。そしてその正常化された営業利益やＥＢＩＴＤＡをＭ＆Ａにおける評価のための事業計画の出発点・発射台にします。

(3) 利害関係者との交渉

第３の論点として利害関係者との交渉の問題があります。経営不振企業で債務超過の状態

に陥っている場合や法的整理に入っている場合、すでに株式の価値は理論上消滅していま す。したがって、株主の権利も理論的に消滅状態になっています。その場合には、M&Aにおける重要な利害関係者は、メインバンクをはじめとする金融機関ということが多くなります。

さらに、利害関係者ではありませんが、法的整理に入っている場合には、裁判所の関与がありますので、利害関係者との交渉戦略において裁判所の見方も重要になります。もちろん経営陣や従業員（労働組合）、取引先も重要な利害関係者になります。

ここで重要なことは、当該会社をめぐる利害関係が先鋭化していることです。多くの場合、どのようなスポンサーがいくらぐらいで事業を評価するかにより、金融機関の回収可能額は決まります。それも通常は全額回収とはなりませんから、金融機関から見ると「貸倒れ額」が決まることになります。もちろん、スポンサーが当該事業を高く見積もれば見積もるほど、金融機関の回収額は増え、貸倒れ額は小さくなります。

一方、従業員（労働組合）から見ると、今後スポンサー企業の傘下に入るわけですから、一般的には信用力が高く、よりよい会社がスポンサーになることを望みます。会社の借金については最終的には金融機関とスポンサーの交渉となりますから、その多寡については、従

業員（労働組合）はあまり関心がありません。したがって、より高く事業価値を評価している先とそこまで高く評価はしていないが信用力に勝る先があれば、従業員の立場としては後者の方が望ましいということになります。

経営陣についてはかなり個人個人の利害になるでしょう。経営責任がある会長や社長はいずれにせよ会社に残れないことが多いと思いますが、それ以外の役員は、もしかしたらスポンサーの下での経営に参画できるかもしれません。その場合、スポンサー候補として同業者と異業種の会社があったとすると、後者の方が自分の利用価値が高いので、継続雇用の可能性が高まり、望ましいと考えるかもしれません。取引先も、今後の安定取引という観点から、これもより多額の返済に帰する先よりも信用力が高い先の方を好むかもしれません。

このように、Distressed M&Aにおいては、会社をとりまく利害関係者の利害が複雑に錯綜し、先鋭化するので、そのあたりをよく分析して交渉に臨むことが成功の鍵となります。

(4) 投資後の経営

第4の問題として投資後の経営の問題があります。一般的に、経営不振企業の立て直しはそれなりに骨の折れる仕事で専門性も高い分野です。長年続いた経営不振により、必要な投

資は行われず、給与は下がり、さまざまな難局に直面して疲れ果て、従業員のモチベーションはがた落ちとなっているのが通常です。

こうした状況で投資が行われるわけですから、投資後の経営は通常のM&AのPMIのようにはいきません。従業員のモチベーションを徐々に上げながら慎重かつ大胆にかじ取りをする必要があります。その意味で、こうした状況に経験がある、強いリーダーシップを発揮できる経営者の存在が成功のための重要な要因になります。投資意思決定を行う前に誰が投資後に経営を主導するのかを決め、DDの段階からその者を関与させることが望ましいでしょう。

第6章 クロスボーダーM&A

1　増加するクロスボーダーM&A

第1章で説明した通り、最近、日本企業の多くが、縮小傾向にある国内市場への投資を絞り、成長市場を求めて海外ビジネス拡大のためにアウトバウンド（IN－OUT）M&Aを活発化させています。その結果、日本企業による海外企業のM&A、すなわちIN－OUT案件は増加しています。

こうした中、近年では今まで海外企業・事業の買収など考えたこともなかった企業までがそうしたM&Aを実行するようになり、それがM&A件数の増加につながっているわけですが、アウトバウンドM&Aには特有の難しさもあり、成功率も決して高くはないというのが現状です。新聞紙上でも海外M&Aに係るのれんの巨額減損損失計上のニュースが絶えません。それではどう対応すれば、アウトバウンドM&Aを成功裏に行うことができるのか、以下で考察していきます。

図表6-1　M&Aの失敗パターン

分類	取り組むべき段階
(1) 買うべきではない会社を買収してしまうケース（M&A戦略や案件開発、DD不足などの問題）	戦略検討や案件開発（オリジネーション）フェーズや、買収（エグゼキューション）フェーズにおける課題
(2) 買うべき会社であったが、適正価格を大幅に上回る高値で買ってしまうケース（投資回収の問題）	実行（エグゼキューション）フェーズにおける課題
(3) 買うべき会社を適正価格で取得したが、買収後の経営（PMI）に失敗するケース	PMIフェーズにおける課題

2　アウトバウンドＭ＆Ａ（ＩＮ―ＯＵＴ Ｍ＆Ａ）特有の論点

アウトバウンドＭ＆Ａには多くのリスクが潜むことが昨今広く認識されつつあります。過去のＭ＆Ａの失敗例にはさまざまなものがありますが、そのパターンを整理すると、３つのカテゴリーに分類することができます（図表６―１）。

買うべきではない会社を買収してしまうケースは、さらに、①オリジネーションのフェーズでしっかりとしたＭ＆Ａ対象選定ができていないパターンと、②Ｍ＆Ａ対象選定は慎重に行われたものの、ＤＤの過程で問題が見過ごされた結果として買うべきではない会社を買収してしまうパターンの２つに分けられます。

これらのポイントについて、特にクロスボーダー案件で注意すべきポイントを説明します。

(1) 買収後どのように経営するか

日本企業が海外企業を買収する場合に特に重要な論点が、買収後どのように経営するか、です。もちろん国内企業のM&AにおいてもこれはとてもI重要な論点ですが、IN－OUTの案件では買収戦略の入り口のところできちんと検討しておかなければなりません。なぜなら、海外企業の経営はほとんどの日本人には荷が重いという現実があるからです。

日本企業は、終身雇用制、プロパー経営者、労働流動性が低いといった、いわゆる日本型経営の中で強みを発揮してきました。裏を返せば、世界的には極めて特異な環境で成長を遂げてきたといってよいでしょう。その中で育まれた人材が未だに多い中で、いきなり文化や言語、ビジネス慣習が異なる異国の企業をマネジメントできる人材がどれだけいるでしょうか。残念ながら、現状はあまり多くの人材がいるとはいえません。そうなると、買収後も対象企業の現経営陣を活かした経営を行うか、外部から新たな経営者を連れてきてマネージするか、という選択になります。

多くの案件で日本企業は前者の対応をとっています。経営は現地経営者の裁量にある程度

任せる一方で、事業計画、大きな投資、経営者の評価や報酬など本社決裁が必要な事項を決めておき、その上で、財務や会計などの「お金回り」を管理するためにCFOを日本から送り込む、といったやり方が通常の対応です。

しかしながら、この方式にはいくつかの落とし穴があります。まず、日本以外の国では労働の流動性が高いということです。これはマネジメントレベルにもあてはまります。ある会社の経営を任されているケースでも、そこにとどまり続けることは稀です。そこである程度の実績を上げると、次にはさらに格が上の会社の経営者として転職し、さらにキャリアを積み上げていくのがほとんどの国の経営者層の行動形態です。

したがって、買収当初に対象企業に残って新たな所有者である日本企業とともにさらなる成長に向けて邁進する約束をしても、そこにそのままとどまり続けるということはそれほど期待できません。その人が事業計画を達成した際に報酬だけではなく、さらなるキャリアプランを提供することができればつなぎとめることも可能かもしれませんが、日本本社での役員、社長といったキャリアパスを提供することは、ドメスティックな経営体制を敷いている通常の日本企業では現実的に無理です。

また、もう1つのより根本的な問題があります。前にも説明しましたが、競争的なM&A

環境の下、対象企業・事業の単独価値に対し何割かの上乗せした金額での買収となっています。そのため、同じように対象企業・事業を運営しているだけでは、当該上乗せ分（さらにはディールに関するコスト）を回収することができませんので、シナジーの発現による追加的な価値を実現させないといけない道理になります。

しかしながら、既存の経営者は自らが行ってきた経営を変更するには抵抗感があるのが通常で、また、能力的な限界がある可能性もあり、新しい経営の図を当該経営者が描けるのか、という問題も生じます。平たく言うと、当該経営者は今まで精一杯の努力で経営をしてきて、それで実現している価値が現在の対象企業・事業の単独価値ですので、たとえ新たな経営環境下であるにせよ、その何割ものシナジー価値を生み出す能力やマインドセットがあるのだろうか、という疑問です。

そこで、買収を機に新たな経営者を連れてきて、いろいろなことをゼロから見直そうという話が出てきます。確かによい人材が見つかり、その人が「はまれば」、そちらの方がよいようにも思われます。しかし、現実的には海外の労働市場に不案内な日本企業にとってはそうした人材を探すことは容易ではありません。むしろ、「買収後の混乱＋新たな経営者による混乱」により大失敗に終わりかねません。

このようにIN－OUTのM&Aにおける買収後の経営はそれほど簡単ではありません。現実的な解決法としては、やはり対象企業・事業の既存の経営陣を活かす方法をベースに考えざるを得ません。そこで、①CEOをはじめとする対象企業・事業の経営陣は信頼できるか、②彼らはM&A後も相当期間（3年程度）経営に関与してくれそうか、③彼らのモチベーションを維持しつつ相当期間の経営関与にコミットさせるような仕組み（報酬、キャリアなど）を構築することができるか、④万が一彼らが退任するようなケースで彼らの代わりに経営できるような人材は社内にいるか、⑤シナジーを早期に発現させるためには彼らだけに任せているだけではダメだが、親会社側からどのようなサポート体制を組めばシナジーの早期発現が可能となるか、等の問いに明確に回答できるような事前検討が必須となります。これらに明確な回答がないケースでは案件への取り組みを見送るべきでしょう。

(2) IN－OUT案件におけるDDの難しさ

海外企業・事業のDDには国内案件のそれにはない特有の難しさがあります。同じ業種であったとしても、日本と海外では市場のルールやビジネスの慣行に違いがあります。そして、こうしたことに関する調査は対象企業から得られる情報やデータだけでは捕捉すること

ができません。現地の市場やビジネスに知悉している人物へのヒアリングや、現地の状況に詳しいコンサルティング会社を雇っての調査など、対象企業の機密情報がなくても調査できるエリアを、前もって綿密に調査（DD）をしておくことが不測の事態を防ぐ上で重要です。新興国などでは、贈収賄やエージェントに対するファシリテーションペイメントなどがビジネスを行う上で不可欠であったりします。

こうした問題に気づかずに買収した後、コンプライアンスの問題から、こうした支払いには応じない体制としたところ、ビジネスが極端にしぼんでしまったケースもあります。これなどは、そもそも買収対象とすべきではなかったということになります。

さらには労働力の質の問題や、労働法や労働組合との関係もあり人員リストラが難しい、政府が外国資本を規制しており過半出資が認められない、ビジネスの展開にさまざまな規制上の制限がある、複雑な税法があり出資の形態や組織のつくり方で税金に大きな違いが出る、など、国内企業同士のM&Aでは問題に挙がることがない、数多くの論点がある場合も見受けられます（図表6－2、6－3）。

これらについても、案件を検討する段階で綿密に調べることが可能ですので、案件化する前に論点になりそうなところを網羅的に調査するべきです。その上で、大きな問題がある場

図表 6-2　アウトバウンド M&A に特有のリスク要素（例）

分類	項目例
政治	政治スタイル・政権、司法・立法・行政、地方と中央の関係
社会	人口・民族、経済成長、主な産業 社会インフラ 宗教・言語 腐敗指数順位
会社運営	会社法、会社運営に関するリスク
会計	会計基準、会計面のリスク
税制	法人所得税、法人税等 間接税、関税・付加価値税、源泉税、所得税等
知的財産 贈賄規制 競争法 輸出管理	知的財産権に係る法令 賄賂等に係る法規制 カルテル、独禁法対応 輸出管理に関する規制

図表 6-3　海外市場環境に関する確認項目（例）

分類	項目例
労働規制	労働法、人事労務管理での主な留意点
環境規制	環境規制・環境リスクの主な留意点
情報管理	情報管理・プライバシー規制、情報管理の留意点
調達購買	動産・不動産の取引契約書、契約管理に係る主な留意点 資金調達に係る規制、資金調達に関する主な留意点 関連する業法・行政法、関連する規制当局 主な許認可・届出・報告事項等
市場・顧客	関連する顧客の状況
サプライチェーン	関連するサプライヤーの状況、物流、通関 代替サプライヤー（裾野の広さ）
競合	競合の状況、業界における日系企業の進出状況、地位など

合には案件の検討を中止するのが賢明な措置となります。

(3)「案件」を見送るための仕組みづくり

それでは、買うべき会社ではあったが適正価格を大幅に上回る高値で買ってしまうケースを回避するために、ＩＮ－ＯＵＴで特に注意すべき事項は何でしょうか。これについては、エグゼキューション・フェーズにおけるＤＤや価格に関する判断についての仕組みづくりが重要なポイントです。

Ｍ＆Ａの失敗パターンでいうと、不十分な範囲でＤＤを終了したり、ＤＤの検出事項に対して十分な手当てをとらなかったりしたことによって「買うべきではない会社を買収してしまうケース」と、価格目線が緩むことによって「買うべき会社ではあったが、適正価格を大幅に上回る高値で買ってしまうケース」があります。

特にＩＮ－ＯＵＴ案件では、調査対象の企業や事業が海外にあること、それも数カ国にまたがるようなオペレーションがあるケースが多いこと、とりわけ欧米先進国のＦＡや弁護士などのプロフェッショナルが経験豊富で手強いこともあり、ＤＤが不十分であったり、ＤＤ発見事項に関する契約交渉に関して後手に回ったりするケースが想定されます。

大手企業の多くは、いわゆる投資委員会（Investment Committee）を設置して、Ｍ＆Ａ案件の合理性、適正性を判断しています。この仕組みは、〝実行ありき〟のＭ＆Ａに一定の歯止めをかける方法論として有効ですが、業容の劣る中堅以下の企業で常設するのはなかなか困難でしょう。少なくとも、案件判断の拠り所となり得る各種の基準は事前に用意しておくべきです。

価格判断についても同様です。たとえば、買収価格が非常に高い価格で決まろうとしている場合、買い手側のプロジェクトチーム・メンバーは、適正価格の目線はおよそいくらで、どの程度払い過ぎの状態になっているかをおそらく分かっているはずです。しかしながら、一般的に日本企業の問題は、案件を前に進めようとする上層部の思いや、影響力を持つ部や個人の意向を忖度して、健全な価格判断ができなくなることが多いことです。「このチャンスを逃すともう次はないかもしれない」といった思いも交錯して判断軸がぶれたりもします。

こうした現象を防止するために、多くの欧米企業が採用している仕組みが〝ウォーク・アウェー・プライス〟（上限価格）といわれるものです。上限価格は、実際の案件ごとに決められる具体的な金額の場合もあれば、ＥＢＩＴＤＡの何倍といった指標を継続運用する場合もあります。いずれにしても、案件の最後でずるずると価格の吊り上げに乗らないように、

事前に上限価格を決めておくことが重要です。

(4) シナジーの罠

上記の運用において気をつけなければいけないのは、シナジーの部分です。ウォーク・アウェー・プライスを「EBITDAのXX倍」と決めているケースでも、ついつい「単独事業の評価はこの基準内であるが、これにシナジー分を加算すればXXまでは出せる」というような拡大解釈が行われるケースがあります。特に「シナジーの幻想」とでも呼ぶべき状態に陥ることもあり、過大な投資支出につながることが多いのが現実です。

シナジーの定量化の重要性はすでに説明しましたが、特に海外市場に係るシナジーの定量化については、国内市場におけるそれに比して、さらに不確実な要素が多くなります。中でも新興国の市場やビジネスがいかに成長していくかについてはさまざまな仮説がありますし、そのベースとなっているファンダメンタルな要素もさまざまな予想や見積もりに基づいています。したがって、本質的に固有のリスク（Inherent risk）が高いことをまず理解する必要があります。

その上でそうしたリスクを踏まえ、シナジーシナリオの蓋然性の程度が比較的に低いこと

を勘案し、そうした蓋然性で加重したシナジーの定量化をきちんと行う必要があります。そして、算出されたシナジーと単独価値の合計をベースにウォーク・アウェーを判断する必要があります。

(5) クロスボーダーM&AにおけるPMI成功のポイント

買うべき会社を適正価格で取得したが、買収後の経営（PMI）に失敗するケースでは、さまざまな経営的要因やパターンが考えられます。すでに一般的なPMIのポイントは説明しましたので、ここでは海外企業・事業の買収に焦点を絞り、PMI成功のためのポイントを考察していきます。

①買収後の経営／PMIに対する意識の低さ

残念ながらまだ一部の企業に見られるのが、買収後の経営／PMIに対する意識の低さです。エグゼキューション・フェーズの緊張感から解放され、緩んでしまうのか、せっかくの準備時間を有効活用できなかったり、次の担当者への引継ぎが遅れたり（本来は同じ担当者が継続することが望ましい）、十分な準備ができないまま統合初日（Day1）を迎えたり

しているケースが見られます。

特にIN－OUT案件ではM&A対象企業・事業が所在する海外でのDay1ということで、英語対応、日本とは異なる環境（規制、慣習、文化）下での対応となるため、十分な準備が必要となる点に留意する必要があります。また自前主義に拘るあまり、必要なマンパワーを確保することができず、PMI対応が後手に回るケースもあります。マネジメントは、外部専門家の力も適宜借りながら、十分なリソース（自身の時間も含む）を投入し、準備を加速させる役割を担うべきです。

②経営戦略や経営方針の伝達

次に、経営戦略や経営方針（経営指標等も含む）については、買収後早い段階で対象企業の経営陣・従業員へ分かりやすく伝える必要があります。特に欧米企業をはじめとする海外企業ではトップダウンによる経営が基本です。よって、現地の経営陣や従業員は新たな親会社がどのような経営戦略や経営方針で今後やっていくのか、その指示を待っている状態です。

そうした中、買い手、すなわち親会社からの明確なメッセージがないまま時間だけが経過してしまうと、対象企業の経営陣・従業員の間には徐々に不安が広がり、混乱さえ招きかね

ない点に十分留意が必要です。従業員1人ひとりに至るまで、十分メッセージが届くように、シンプルで分かりやすく戦略・方針をタイムリーに打ち出すことが肝要です。

③対象企業の経営陣の動機付け

対象企業の経営陣の動機付けも早期に取り組まなければならないことの1つです。キーパーソンにはリテンションプラン検討の過程で焦点が当たっているかもしれませんが、その対象を全経営陣メンバーに拡大し、かつ具体的な目標設定と成果を上げた際のリワード／インセンティブのレベルまで具体的に決定していかなければなりません。また、金銭的なリワードだけではなく、任される業務範囲や権限等、仕事のやりがいをどの程度感じることができるかによって、対象企業経営陣のモチベーションも変わってきます。ガバナンスの仕組みとのバランスも考えながら、動機付けの工夫が求められます。

④ガバナンス

ガバナンスについては、分権／集権のバランスについて高度な判断が求められます。さまざまな事例を研究の上、まずは自社としてのスタンダードなガバナンスを提示すべきです

が、現地の事情に沿って一定の例外（ローカル・ルール）を認める余地は存在します。対象企業マネジメントの納得（バイ・イン）も必要な事項ですので、十分な事前協議が必要です。

⑤買い手／対象企業の間のコミュニケーション

シナジーとベストプラクティスの実現が、M&Aの最大の目的ですが、一過性で終わる場合がままあります。こうした問題は買収後の買い手／対象企業の間のコミュニケーション不足や連携不足からくる場合がほとんどで、買収直後はシナジーの絞り出しに一生懸命になったものの、その後は現地まかせの経営になってしまった、というパターンです。

こうした事態を避けるために、買い手側から対象企業へ派遣するメンバーの人選には工夫が必要です。役職や経験も重要ですが、むしろ一定の問題意識を持った若手に機会を与えることも一案です。ミッションの内容も、単なる子会社管理ではなく、より具体的な目標付けをした上で送り出すべきでしょう。

⑥企業文化の融和

中期的な取り組みとなりますが、企業文化の融和も重要な要素です。特に日本企業と海外

企業とでは、一般的に企業文化や価値観がかなり大きく異なります。どちらかというと、日本企業が世界的にも特異な企業文化や価値観を持っていることが多いという点を、まずは十分に頭に入れておく必要があります。「日本の常識は世界の非常識である」可能性が高いわけです。

そうした中、お互いのカルチャーを否定し合うようなことだけは避けなければなりません。早期に、お互いのカルチャーはどのような普遍的な価値観に根差して出来上がってきたものなのかを理解し合い、それぞれ尊重し合う意識を醸成することが肝要です。

⑦人材登用

企業文化に関する相互理解ができたとしても、現実の企業行動が伴っていなければ、従業員は早晩疑いの目を向けるようになります。従業員がもっとも敏感に反応するのが、人材登用に関する判断です。日本人にこだわらず、対象企業の中からも優秀な人材を掘り起こし適材適所で登用するようにしていかなければ、対象企業の経営陣・従業員の本当のモチベーションを引き出すことはできません。そのためにも、買収後も対象企業のことをより深く知る努力を怠ってはいけません。

日経文庫案内（1）

〈A〉経済・金融

1 経済指標の読み方(上) 日本経済新聞社
2 経済指標の読み方(下) 日本経済新聞社
3 貿易の知識 小峰・村田
5 外国為替の実務 三菱UFJリサーチ&コンサルティング
6 貿易為替用語辞典 東京リサーチインターナショナル
7 外国為替の知識 国際通貨研究所
8 金融用語辞典 深尾光洋
18 リースの知識 宮内義彦
19 株価の見方 日本経済新聞社
21 株式用語辞典 日本経済新聞社
22 債券取引の知識 武内浩二
24 株式公開の知識 加藤・松野
26 EUの知識 藤井良広
32 不動産用語辞典 日本不動産研究所
35 クレジットカードの知識 水上宏明
36 環境経済入門 三橋規宏
40 損害保険の知識 玉村勝彦
42 証券投資理論入門 大村・俊野
44 証券化の知識 大橋和彦
45 入門・貿易実務 椿弘次
49 通貨を読む 滝田洋一
52 石油を読む 藤和彦
56 デイトレード入門 廣重勝彦
58 中国を知る 遊川和郎
59 株に強くなる 投資指標の読み方 日経マネー
60 信託の仕組み 井上聡
61 電子マネーがわかる 岡田仁志
62 株式先物入門 廣重勝彦
64 FX取引入門 廣重・平田
65 資源を読む 柴田明夫・丸紅経済研究所
66 PPPの知識 町田裕彦
68 アメリカを知る 実哲也
69 食料を読む 鈴木・木下
70 ETF投資入門 カン・チュンド
71 レアメタル・レアアースがわかる 西脇文男
72 再生可能エネルギーがわかる 西脇文男
73 デリバティブがわかる 可児・雪上
74 金融リスクマネジメント入門 森平爽一郎
75 クレジットの基本 水上宏明
76 世界紛争地図 日本経済新聞社
77 やさしい株式投資 日本経済新聞社
78 金融入門 日本経済新聞社
79 金利を読む 滝田洋一
80 医療・介護問題を読み解く 池上直己
81 経済を見る3つの目 伊藤元重
82 国際金融の世界 佐久間浩司
83 はじめての海外個人投資 廣重勝彦
84 はじめての投資信託 吉井崇裕
85 フィンテック 柏木亮二
86 はじめての確定拠出年金 田村正之
87 銀行激変を読み解く 廉了
88 仮想通貨とブロックチェーン 木ノ内敏久

〈B〉経営

11 設備投資計画の立て方 久保田政純
18 ジャスト・イン・タイム生産の実際 平野裕之
25 在庫管理の実際 平野裕之
28 リース取引の実際 森住祐治
33 人事管理入門 今野浩一郎
41 目標管理の手引 金津健治
42 OJTの実際 寺澤弘忠
53 ISO9000の知識 中條武志
61 サプライチェーン経営入門 藤野直明
63 クレーム対応の実際 中森・竹内
67 会社分割の進め方 中村・山田
70 製品開発の知識 延岡健太郎
74 コンプライアンスの知識 髙巖
76 人材マネジメント入門 守島基博
77 チームマネジメント 古川久敬
80 パート・契約・派遣・請負の人材活用 佐藤博樹
82 CSR入門 岡本享二
83 成功するビジネスプラン 伊藤良二

日経文庫案内 (2)

85 はじめてのプロジェクトマネジメント　近藤哲生
86 人事考課の実際　金津健治
87 TQM品質管理入門　山田秀
88 品質管理のための統計手法　永田靖
89 品質管理のためのカイゼン入門　山田秀
91 職務・役割主義の人事　長谷川直紀
92 バランス・スコアカードの知識　吉川武男
93 経営用語辞典　武藤泰明
94 技術マネジメント入門　三澤一文
95 メンタルヘルス入門　島悟
96 会社合併の進め方　玉井裕子
97 購買・調達の実際　上原修
98 中小企業のための事業承継の進め方　松木謙一郎
99 提案営業の進め方　松丘啓司
100 EDIの知識　流通システム開発センター
102 公益法人の基礎知識　熊谷則一
103 環境経営入門　足達英一郎
104 職場のワーク・ライフ・バランス　佐藤・武石
105 企業審査入門　久保田政純
106 ブルー・オーシャン戦略を読む　安部義彦
107 パワーハラスメント　岡田・稲尾
108 スマートグリッドがわかる　本橋恵一
109 BCP〈事業継続計画〉入門　緒方・石丸
110 ビッグデータ・ビジネス　鈴木良介
111 企業戦略を考える　淺羽・須藤
112 職場のメンタルヘルス入門　難波克行
113 組織を強くする人材活用戦略　太田肇
114 ざっくりわかる企業経営のしくみ　遠藤功
115 マネジャーのための人材育成スキル　大久保幸夫
116 会社を強くする人材育成戦略　大久保幸夫
117 女性が活躍する会社　大久保・石原
118 新卒採用の実務　岡崎仁美
119 IRの成功戦略　佐藤淑子
120 これだけは知っておきたいマイナンバーの実務　梅屋真一郎
121 コーポレートガバナンス・コード　堀江貞之
122 IoTまるわかり　三菱総合研究所
123 成果を生む事業計画のつくり方　平井・淺羽
124 AI（人工知能）まるわかり　古明地・長谷
125 「働き方改革」まるわかり　北岡大介

〈C〉会計・税務

1 財務諸表の見方　日本経済新聞社
2 初級簿記の知識　山浦・大倉
4 会計学入門　桜井久勝
12 経営分析の知識　岩本繁
13 Q&A経営分析の実際　川口勉
23 原価計算の知識　加登・山本
41 管理会計入門　加登豊
48 時価・減損会計の知識　中島康晴
49 Q&Aリースの会計・税務　井上雅彦
50 会社経理入門　佐藤裕一
51 企業結合会計の知識　関根愛子
52 退職給付会計の知識　泉本小夜子
53 会計用語辞典　片山・井上
54 内部統制の知識　町田祥弘
56 減価償却がわかる　都・手塚
57 クイズで身につく会社の数字　田中靖浩
58 これだけ財務諸表　小宮一慶

〈D〉法律・法務

2 ビジネス常識としての法律　堀・淵邊
3 部下をもつ人のための人事・労務の法律　安西愈
4 人事の法律常識　安西愈
6 取締役の法律知識　中島茂
11 不動産の法律知識　鎌野邦樹
14 独占禁止法入門　厚谷襄児
20 リスクマネジメントの法律知識　長谷川俊明
22 環境法入門　畠山・大塚・北村

知野 雅彦（ちの・まさひこ）
株式会社 KPMG FAS 代表取締役　パートナー
KPMG FAS の代表として企業戦略の策定、事業ポートフォリオ最適化のための事業再編や M&A、経営不振事業の再生、企業不祥事対応等に係るサービスを統括。公認会計士。

岡田 光（おかだ・ひかる）
株式会社 KPMG FAS 取締役　パートナー
KPMG FAS においてコーポレートファイナンス業務を統括。多数の M&A 案件において、戦略の検討、実行段階におけるフィナンシャルアドバイザリー、ストラクチャリング、企業価値評価、買収後の取得価額の配分等を担当。米国公認会計士。

株式会社 KPMG FAS : www.kpmg.com/jp/fas

日経文庫 1390
M&A がわかる

2018 年 6 月 15 日　1 版 1 刷
2022 年 3 月 23 日　　　3 刷

著　者　知野雅彦　岡田 光
発行者　白石 賢
発　行　日経 BP
　　　　日本経済新聞出版本部
発　売　日経 BP マーケティング
　　　　〒 105-8308　東京都港区虎ノ門 4-3-12

装幀　next door design
組版　マーリンクレイン
印刷・製本　シナノ印刷

　ISBN978-4-532-11390-2
Printed in Japan